昭和映画屋渡世

坊ちゃんプロデューサー奮闘記

斎藤次男

ごまめ書房

●目　次●

表紙・扉イラスト＝中田好美

序　章　辞表を書く

『白きたおやかな峰』

墨でくろぐろと辞表をしたためた。

それを翌日会社に差し出した。

「こんな大袈裟なものでなくていい、そこにある藁半紙が規定の用紙だから、サインして労政部に出せばいいんだ」

部屋を出るなり、墨の辞表をクシャクシャに丸め、力一杯に屑籠の中へ叩きつけた。爆竹のように、激しく破裂する予定だった。しかし、それは爆発などはせず、籠の中でただカサコソと鳴っただけだった。

昭和48年（1973）4月。松竹株式会社へ入ってから、すでに16年が経っていた。身分は「製作」（プロデューサー）で、係長か課長補佐ぐらいのところであった。

ちょうど、そのころ『白きたおやかな峰』という北杜夫氏の本が出版されて、かなり評判になっていた。

これを読んで、なんとか映画化したいと思った。企画書を書いて出したら、本部長が「やってみろ」という。そこで、昔、松本高校で一緒だった宣伝部のK氏といっしょに、原作をもらいに北家（斎藤家）を訪れた。

応接間に入ると四方が本だらけで、まるで本の城壁のようになっている。これじゃ作家という仕事も大変だなあと思った。原作の方は快く了解してもらうことができたのだが、おれにはもう一つの作戦があった。

「申し訳ありませんが、これから会社に来ていただけませんか」

多少強引だったが、なんとか実現するために、北さんに助太刀がほしかった。すでに会社は、監督・篠田正浩、脚本・山田信夫で行くということを決めていた。今日、本部長が、城戸四郎社長に最後のOKをもらうということになっている。

しかし、ここまで運んでいながら死んでしまった企画を山というほど知ってもいた。社長決裁の席で、社長と北さんの話し合いまで進めれば大丈夫だ、そう思ったからである。

実はその頃、「もう松竹を辞めようかな」と思っていた。走り使いのプロデューサー稼業に、ほとほと厭気がさしていた。しかし、もしこれが通ったらもう一度、仕切り直して頑張ってみよう、そう心に決めて出した企画だった。

しかし、会社へ帰って北さんと会議室で待っていると、どうも雲行きがおかしくなっていることに気づいた。

本部長たちが社長室からなかなか出てこない。たまりかねておれは、7階の社長室へ無断で入っていった。16年間、映画界の大御所である城戸四郎社長とは面と向かって話したことはなかったので、それは一兵卒が無断で参謀本部の作戦会議に乗り込んだようなものである。

「しょせんドキュメンタリー」

ドアを開け「プロデューサーの斎藤です」と言うと、城戸社長は不思議そうにおれの顔を見て、「お前が企画したのか?」と聞くので、「はい」と答えた。

それまでに、何があったのか知らないが、社長はカッとのぼせあがっているような顔を向け、吐き捨てるように言った。

「これは、しょせんドキュメンタリーにすぎない!」

意気込んだ啖呵を皮切りに、彼はいつ果てるともなくドキュメンタリー論をまくしたてつづけた。その意味するところがよく分からなかったので、覚悟を決めて言った。

「しょせんドキュメンタリーとは、どういう意味でしょうか」

すると社長は、さらにカッと目を見開きおれを睨みつけた。

まだ若かったおれは「城戸四郎がなんぼのもんだ!」という気持ちにまかせ、構わずつづけた。

「これは山好きなサラリーマンが、コーヒーを飲みながら、ヒマラヤへ登りたいと話し合った、その夢が叶って、今、翼の下に〝白きたおやかな峰〟ナンガパルパッタがみえてくる、というサラリーマンの夢のドラマですが」

その言葉が終わらぬうちに、社長の大声が飛んだ。

「斎藤！　そんなにやりたかったら、お前一人でヒマラヤへ行って、死んできたらどうだ。わっはっは」

おれは茫然とした。

しがないプロデューサーとは言え、これまでなんとか良い企画を立てたいという気持ちでやってきたつもりだ。しばらく社長の顔をみつめ、何か言おうと思ったが駄目だった。

「何を言うんですか、社長！」

映画ドラマ的に言えば、おれはもう一度敢然と体勢をたてなおし真っ向から反論するところであったろう。しかし、そこはしがないプロデューサーの悲しさ。かつて新藤兼人さんが松竹を辞めたとき、月森所長に対して放った、胸のすくような啖呵をきるだけの度胸も才覚も持ち合わせていなかった。

『白きたおやかな峰』の企画を出したのは、もしこれがうまくゆけば北杜夫さんの『どくとるマンボウ』シリーズもやれるだろう、そうすれば新しい路線も開けるし、興業的にも当たるというプロデューサーとしての直感があったのだが、何も言えないまま放り出されてしまった。

話は飛ぶが、新藤さんが辞めたときのことを、シナリオの馬場当さんから聞いたことがあった。

新藤さんが独立を決心して辞表を出したとき、月森所長は話しのもつれから、「新藤君、君の背広、君のネクタイ、君の靴、それはみんな会社が君に買ってやったものなんだ」と言ったらしい。

するとと、新藤さんは、毅然として向き直り「何を言うんですか月森所長、あなたのその背広、そのネクタイ、その靴、それは、みんなわれわれが働いて、あなたに与えたものだ」とあざやかに切り返し、辞表を叩きつけたということである。

それに比べて、おれは、新藤さんとは覚悟の仕方が大きく違っていた。

まるで狐につままれたような具合だったが、ここで『白きたおやかな峰』の企画はいっぺんに吹っ飛んでしまった。

それよりも驚いたのは、今まで、この企画を支持していた本部長が、手のひらを返すように態度を一変させてしまったのである。

「申し訳ありません！　私たちの不勉強でした。もう一度、勉強しなおしてきます！」

つまみ出されるように廊下へ出たが、胸に坩堝《るつぼ》の火が燃えた。振り返ってみれば、こういうことは今に始まったことではない。16年間、ずっとこのくりかえしだった。映画の企画を決定するという神聖な権力が、いつも、よりよい映画を作りたいという想いを無残に破壊する。

あとで聞くと、城戸社長の怒りのもう一つの理由が、実は、篠田監督が、岩下志麻という看板女優を連れて、松竹から独立したことに対して、社長として強い反感をもっていた裏事情があったからだとも聞かされたが、そんなことは一兵卒の知るところではない。

ただただ心の中で、「この会社はもう駄目だ」そう思っていた。

北杜夫さんとは、築地でフグを食べて別れたが、後日、「会社にもいろいろ都合があるでしょうから」と小さい字で慰めの葉書をくれた。それをタンスの奥にしまい込みながら、不覚にも涙がこぼれてきた。

辞表を書いたのは、それからしばらくしてのことだった。

会社を出て、三原橋を渡り銀座の方を見ると、街灯が黄色くにじんで見えた。銀座の大時計は10時30分を示していた

〽どこへ飛ぶのか　次男坊鴉　笠にみぞれの　散る中を
　なまじ小粋に　別れたせいか　日光街道の　日光街道の　灯がうるむ

第１章　映画の世界へ

幹部候補として大阪支社経理課へ

大学を出て松竹株式会社に入ったのは、昭和32年（１９５７）４月のことである。今にして思えば、そもそも受験の動機がいい加減だった。就職難の時代でもあったが、何処を受けてもうまくゆかず、友達の小川君に誘われるまま、松竹の入社試験を受けたら合格したので、どんな仕事をやらされるのかはわからないまま入社した。

あとで聞いたら多くの応募者があって、10人ぐらい合格したが、論文問題が多かったので、おれには向いていた入社試験だったのであろう。

しかし、時代の流れは恐ろしいもので、そのころ電通や博報堂やテレビなどは、あまり人気がなかったので行く人も少なかった。それに松竹に合格したはいいが、数十年後には、全く会社の勢いは逆転してしまった。

だが、それはあとの話で、４、５年前、松竹は『君の名は』(53・大庭秀雄）という作品が当たってボーナスが４回も出たという映画の黄金時代だった。

しかし、入社したあとが意外な展開になった。ある日突然、細谷という重役に呼ばれて「君は、大阪支社の経理部へ配置されることになった。早速行ってくれ」と言う。「何だ、大阪にも松竹の支社があるのか。しかも最も苦手な経理部とは、どういうことだろう」と思ったが、言われるまま、行李ひとつで大阪へ行った。

行ってみると初めての大阪は、ほとんど外国に等しかった。まず、大阪弁だった。突然、「どや?」とか言われても返事のしようがない。「わやや(だめだ)」「よいわんは」などは、大体察しがつくが、「きさんじ（きさくな）」とか「じゅんさいな（しょうがない、いい加減な）人」など、少し込み入ってくるとよく分からない。慣れるのに時間がかかった。

それにI経理部長のでっぷり太って、チョッキのボタンがはずれそうな背広姿が、まるで、帳場を預かる船場の番頭さんのようだ。唇が分厚くて真っ赤だ。こういうのを大阪商人の典型的な姿というのかなあと思った。

もう一人K課長は後で副社長にまでのし上がった人だが、その頃から見事な禿頭で、それをなでながら「松竹の前途は私のように明るいですよ」などと言って、上司の懐へ入ってゆく抜群の処世術を身につけている人間だった。

初めて、大阪の街を歩くと、あちこちに「めし」という大きな看板があった。入ってみると、まず、飯を頼んで、それからガラス棚に並べてあるおかずを選び取るしかけになっている。トンカツやおでんなど、いろいろあって、安くて便利なので感心させられる。

道頓堀の中座を覗くと、フグの腹にイボイボのついたような変な楽器をこすって、ハワイアン姿のミスワカサ・島ひろしが、陽気で、でたらめな漫才をやっている。島ひろしはギターを持っているが、真似しているだけで弾けないようだ。ワカサは極度の近眼なのか、あっちこっちふらふらしながらやっている。

そばの文楽座を覗くと、竹本何とか太夫という名人が、はらわたを引きちぎるような調子で『心中天網島』か何かを語り、また、名人の人形遣いが、生きた人間よりも生々しく悲劇の場面を浮かびあがらせている。いっぺんに浄瑠璃ファンになってしまった。

そうかと思うと、これまでお目にかかったことのない、藤山寛美、渋谷天外の松竹新喜劇に、観衆が一緒になって転げまわって笑ったり、泣いたりしている。

一方、おれは、難波から乗る南海線の沢ノ町にある松竹の独身寮に入ったのだが、世話好きで、おしゃべりの管理人のおばさんが早速お見合いの話をもってきて、断れないのでしかたなく相手の女の子と2人で南から北まで1回も休まず歩いたら、女の子が足に豆ができて歩けなくなり、そのことがあって話は壊れた。

また、銭湯へ行ってる間に、背広が盗まれた。親父がお祝いに買ってくれた一張羅だったが、ネクタイはなぜかけばけばしくて、溝《どぶ》の中に捨ててあった。泥棒にまで捨てられるようなダサいネクタイだったのである。しかたがないので、翌日はジャンパーで出社する始末。なんやかやと、まったく忙しい街だ。

しかし、久左衛門町の松竹の社内は庶民的な雰囲気で、東京のように威張った奴はあまりいないようだ。

こちらは、一応幹部候補ということで入社したので、どの仕事につくにせよ、「経理のことを知らないと駄目だ」という山崎支社長の方針があり、訳も分からぬまま3か月ごとに、会計、主計、財務など、あちこちと回された。特に主計課にはTという古軍曹がいて毎日のように日計表の数字が1円とか2円とか合わないというので、遅くまで残業することが多かったが、不思議なことに程よいころになると、その1円か2円がポロリと出てきて、お開きということになる。Tはわざと数字を間違えて残業代を稼いでいたようだ。終わると道頓堀で酒をおごってくれた。

映画は札束

そこでひとつ驚いたことがあった。

ちょうどその頃、木下恵介作品『喜びも悲しみも幾歳月』(56)が大当たりしたらしく、連日経理の窓口に札束が投げ込まれて、備え付けの大きな竹籠がたちまち一杯になる。札束が溢れ出るので手で抑えるが、それでもどんどん投げ込まれるので、しまいに足で踏んづけなければならない始末。

なんでも、その札束は各映画館から営業マンが集めてきたものらしく、札束に「U某」などというふうに、それぞれ担当者の名前が書いてある。それはそれでめでたいことであったが、ショックを受けたのは、籠に溢れる札束を見ながら、「なんだ、映画というものは、結局のところ、札束だったのか」という妙な実感が体の中に染み渡ったことである。それはその後の映画渡世につきまとって離れなかった。

1年経ったある日、映画館の支配人になるか、宣伝部に入るか、などの道があるらしいのだが、どれもこれもさっぱり見当がつかない。どうするのかなあ、と呑気なことを考えていたら、白井昌夫重役に呼び出された。

行ってみると、「お前はどこの職場で働きたいのか?」と聞くので、何も考えないままとっさに、「撮影所へ行きたい」と答えた。すると、昌夫重役も若いせいか、おっかぶせるように、「助監督がいいのか、それともプロデューサーがいいのか」と聞くので、「企画の仕事がしたい」と言ったら、「それじゃプロデューサーだな」と勝手に決めて、「これから撮影所の杉山茂樹企画室長に電話しておくから、明日からでも行きなさい」ということになった。この極めて短い会話が、その後のおれの運命を決めてしまった。

この白井重役は、松竹創業の双子、白井松次郎、大谷竹次郎（松竹の社名はこの2人から命名された）の松次郎さんの子で、早稲田の演劇部出ということだった。重役はそれだけ言い終わると、ちょうど届いた弁当を上目づかいでがつがつと勢いよく食べ始めた。上等のウナギ弁当が、妙にぴかぴか光って見えた。

松竹京都撮影所へ

しかし、京都へ行けと言われても、下宿を探さなければならない。

半年ほど前、隣の席に一人の女の子が転勤してきた。その子が、「京都の伏見稲荷から通っている」と言うので、「どこかいいところはないか」と聞くと、心当たりを聞いてみると言う。「それじゃ頼むよ」ということで、結局、伏見稲荷のアパートに下宿することになった。ちなみに、この女の子が50数年経った今でもそばにいる。

来てみると、京都もまた、大阪以上に見当のつかない異国だった。

「寺ばかり多くて陰気な街だ」と夏目漱石は言ったが、なるほど、右を見ても左を見ても寺ばかりだ。山の色も値段の高い菓子のような緑色で、越後や東北の山とは全く違う。その上師走の風のような油断ならぬものを感じる。どこかで貴族の末裔が、「また1人、蝦夷《えみし》の人間が迷い込んできたな」とじろじろ監視しているような気がする街だ。

ともかく、撮影所へゆかねばならない。言われたとおりに嵐山行きの電車に乗ると、まず、駅の名前が「蚕《かいこ》の社《もり》」とか、「車折《くるまざき》」など読めないものが多い。

「太秦《うずまさ》」を過ぎて「帷子《かたびら》ノ辻」で降りて撮影所の門をくぐると、「これはえらいところに来てしまったものだ」と思った。

松竹京都撮影所。左から筆者、村田所長、岸本プロ、沢村プロ。昭和35年（1960）頃

なにせ右を見ても左を見ても、やさぐれ姿の一癖も二癖もあるような人間ばかりで、それが、けばけばしい原色のシャツでうろうろしている。

野外に建てられたオープンセットの方を見ると、何やら騒がしい。

近づいてよく見ると、ざんばら髪を振り乱した、時代劇役者・高田浩吉が、派手な牡丹の入れ墨の片肌を脱ぎながら、大立ち回りをしている。

なんでも『りんどう鴉』(57)という股旅映画を撮っているらしい。バックにわざとらしくハラハラと紙の桜吹雪などを、散らしながら浩吉さんが、目玉を精一杯大きくあけて、「かかってこい、野郎ども」などと大見得を切っている。

しばらくみていると、そのシーンが一応終わったのか、セットが大急ぎで取り払われ、突然、スピーカーから音楽が流れ出した。そこへ、しゃなりしゃなりと出てきたのが、当時18歳ぐらいの歌手、島倉千代子であった。三味線を抱えた鳥追い女の出で立ちで歌い始めた。

「〽りんりん、りんどうの花咲く頃さ、姉さは馬こでお嫁に行った〜、はーいの、はいのはいっ」などと歌いながら歩く。それを、白塗りの浩吉さんが、満足そうに見ている。すると「はいっ、オッケー」と、土方の大将のような福田晴一監督が、大声であたりの見物人に自分の存在感を誇示するように怒鳴った。

「それにしても、映画の裏側は、ベニヤ板のハリボテばかりで、いい加減なもんだ」というのが撮影所の現場を見た最初の印象だった。

それでも、半年もするとだんだん慣れてきて、赤や黄色のシャツなどは、あまり気にならなくなってきた。

最初は、岸本吟一というプロデューサーの助手につくことになった。あとで聞くとこの人は有名な川柳の大家、岸本水府の長男で、ＮＨＫから映画の方へ移って来た人だった。人によって、褒めるのとけなすのが半々だったが、この人もときどき派手なシャツを着てくる。小柄でおしゃれで、しかも、そこから繰り出される企画は、日米合作映画『パイナップル部隊』(59・内川清一郎）など、大作ばかりだった。

ミスター・オネーギン

いまだに、忘れられないことがある。撮影所に通い始めた２、３日後、杉山企画室長が、今夜、自分の家で歓迎会を開くから来るようにということなので、同僚に連れられて銀閣寺あたりの家に行った。

賑やかに酒盛りが始まり自己紹介も無事すんだのだが、しばらくすると、酔いがまわったのか、にわかに杉山企画室長の言葉が乱れはじめてきた。ちょうど、庭にバーベキューの支度がしてあり、金網の上にたくさんの焼き肉がならべてある。それがしばらくするとじゅうじゅうと焼けてくる。

おれは、初めての場所だから、遠慮して隅の方に座っていたら突然、杉山室長がおれに向かって怒鳴り始めた。

「こら、斎藤！　お前は肉が焼けて焦げ付いていることにも気がつかないのか。そんな大雑把なことではプロデューサーなどとてもつとまりませんね」と言う。

おれは慌てて、焼き肉を一生懸命にひっくり返し始めた。すると、また杉山室長の声が飛んできた。

「こら、斎藤！　肉が焦げるかどうかなんて、そんな細かいことにばかり気を遣っているようじゃ、とても、プロデューサーの仕事には向かないね。諦めて大阪へ帰ったら」などと言う。

おれは、どうしたらよいのか分からずに、ただうろうろするばかりだった。それを見て杉山室長はにやにや笑っている。あとで考えれば、完全にからかわれていたのだが、どうも、女の腐ったような、かなりねじ曲がった人間の集団だなと思った。

だが、こういうことはこれからもいろいろ続くのだろうなあと覚悟させられた一夜であった。

もうひとつ忘れられないことがある。

しばらくしたある時、その杉山室長がおれに向かって、「ところで、斎藤はどんなものを作りたいと思って撮影所へ来たのだ」と聞くので、本当のことを言おうと思って、「プーシキンの『オネーギン』のようなものを作りたいと思っています」と答えた。

すると、一瞬、間があって、それから彼がはじけるようにげらげらと笑い出したのである。そして、なぜかいつまで経ってもその笑いが止まらなかった。やがて、腹の底から笑いを全部吐きだしたあと、「そうか、ミスター・オネーギンか」と言った。

その日からおれのあだ名は「ミスター・オネーギン」ということになった。これは「いいあだ名だ」と思ったが、だれもこれを使わなかった。

撮影所に入ったばかりでは、京都の撮影所で映画の原作者として、もてはやされている作家が陣出達朗とか山手樹一郎など大衆的時代劇作者が主であることを知らなかった。おそらく、プーシキンとそれらの作家との間の距離が、あまりにも離れているので、杉山室長の腹の底からの笑いになったのであろう。

ここにおいて、「映画・札束論」と、「ミスター・オネーギン」という2つの荷物をかついだ新人プロデューサーが、訳の分からぬまま歩みだしたのである。

言い忘れたが、プロデューサーといっても、名前はハイカラそうだが、中身は千差万別である。

本格的なプロデューサーは自分で金を出し、企画や監督、スタッフを決める。興業成績も自分が責任をとる。しかしおれたち社員プロデューサーは、会社に雇われ、月給と手当をもらうサラリーマンである。京都の撮影所には8人ほどのプロデューサーと5人ほどの助手がいた。

「松竹には、城戸四郎という大プロデューサーが1人いればよい」という言葉はあとでよく聞かされたが、その実体は「大プロデューサーの事務代理」というのが本当のところで、どうもこの名前からして、はりぼての感じがつきまとっている。妖怪で言えば、「ぬらりひょん」の匂いがする。しかし、やる仕事は、企画を探したり、脚本を書いてもらったり、役者を決めたり、予算やスケジュールを管理したり、などたくさんある。給料は少ないが、時には本格プロデューサーより何倍も多くの仕事をこなさなければならない。

日本の映画界では、さしずめ「縁の下の力持ち」と言った方がぴったりだろう。50年後の現在のテレビ界では、プロデューサーの地位はかなり高いらしいが、そのころは、映画の外側を接着ボンドで固めるような、頼りない仕事でもあった。

撮影の流れと撮影用語

映画は、どのような順序で出来上がってゆくのかということも始めはよく分からなかった。そこで、まず撮影所の各部署を回ってみた。

撮影所の全体構造は、所長室、企画室、制作室、助監督室、宣伝部、総務などが中心にあり、美術部、照明部、大道具、小道具、俳優部、編集部などが、その周囲を取り囲むように配置されている。そして大小４つほどのステージがあり、その外側に野外ステージがある。編集部だけが敷地の外にあった。後年異動することになった大船撮影所も同じようなものだ。おれが所属していた企画室は、中央の所長室と並んであった。

撮影の流れは、やっているうちに分かってきたが、簡単にその流れを見ておくと、

①京都撮影所の場合は、時代劇、喜劇、文芸もの、歌謡ものなどの企画が出され、その時の時代の流れに合わせて選び出される。これは主に企画室プロデューサーの仕事だが、脚本部、演出部などからも提出され、撮影所から本社に送られる。

②企画が会社の製作本部で承認されれば、撮影所でスタッフ会議が開かれ、プロデューサー、脚本、配役、監督、その他、美術、照明、編集などが決まる。スタッフは、それぞれの助手を入れると大体30人前後である。

③全体の進行スケジュールは、制作主任が、セット、俳優スケジュール、ロケーション条件などのさまざまのことを睨みながら詳しく決める。しかし、スケジュール通りにはなかなかいかない。絶えず生き物のように変化してゆく。だからベテラン制作主任に聞くと、「予定は未定だ」などとはぐらかされてしまう。

④あとはスケジュールに従って、その日その日でいろいろなことを修正しながら撮影が行われる。途中までのフィルムは、ラッシュ（部分撮影分）をたしかめながら、全体の撮影が終わったところで、大ざっぱな編集が行われ、スタッフだけのオールラッシュ（全体撮影部分をつないだものを見る）が行われる。

⑤そのあと、アフレコ（野外撮影場面などに合わせて俳優の台詞を入れる）、ダビング〔音楽、ロケーションの現実音（波の音、電車の音など）などを入れ、お互いの音をミックスする〕。それらが全部出揃ったら「０号《ゼロ》」（仕上がりチェックのための完成プリント）で色具合などを修正して「初号」ができあがる。それを所長、スタッフが確認して、本社の製作本部に見せる。

⑥会社全体のオーケーが出たら、何本かのフィルムが大至急プリントされ、全国の座館に配られ上映される、ということになる。

詳しく言えばキリがないが、大体、一軒の家を建てる時の建築現場の流れと同じだと思ってもらえればよいだろう。

また、撮影所にはいろいろ分からない言葉が飛び交うので、始めは戸惑うことが多かった。思い出すままに挙げてみる。

〈づらあわせ〉

「づらあわせ」とは何のことか分からなかったが、「かづらあわせ」、つまり俳優の頭にあわせて「ちょんまげのかつら」を作ることである。それぞれの頭の形や大きさは、みんな違っているので、あらかじめブリキのようなもので円い形を作ってかぶせ、それをトントンと木槌で叩き、ぴったりと合わせないと、撮影中に額のあたりに隙間ができ不自然になってしまう。クランクインする1週間ほど前にそれを作り、髪を植えておかなければならない。そのためにただでも忙しい東京方面の俳優を、一度京都に呼んでこの「づらあわせ」をやらねばならない。このスケジュールをやりくりするのが、かなり面倒くさい。

〈衣装あわせ〉

それと同時に「衣装あわせ」というのがあり、衣装にうるさい俳優もいるが、それ以上に、甲斐《かいの》庄楠音《しょうただおと》という、時代考証の専門家がいて、この人のオーケーが出ないと駄目だ。股旅者の三度笠、手っ甲、脚絆、草履の果てまで厳しいチェックが入る。この甲斐庄楠音という人は、巨匠・溝口健二の作品なども担当してこの分野の第一人者だったようだ。

〈けつカッチン〉

「斎藤君、丹波哲郎は午後5時で〝けつカッチン〟だから、頼むよ」と言われても、それが丹波のぎりぎりの許された撮影時間のことであることは、始めは分からなかった。

〈なめる〉

「手前に花を置いてくれ。それを〝なめながら〟顔のアップへいくから」などと、カメラマンが助手に向かって言っているが、手前の人物や物の一部を意識的に画面内に入れて撮ることだ。それが撮影技術のＡＢＣであることはだんだんと分かってくる。また、〝パンする〟というのは、カメラを三脚の上で左右に首を振らせることだ。

〈編成と写譜〉

それに、音楽を入れる時の「編成と写譜」が、音楽に弱いおれには何のことか分からなかった。「斎藤君、音楽屋さんに、編成を聞いておいてくれ」と言われたので、よく分からないまま音楽担当者に電話を入れて聞くと、ピアノ、オーボエ、トロンボーン、ドラムなど、オーケストラの編成メンバーのことであった。「写譜」というのは、譜面を送ってもらいそれを楽器に合わせて書き直し用意しておくことだということがだんだん分かってくる。

〈ピーカン〉

「今日はピーカンだから、内川組はセットの予定を変更して、大覚寺のロケーションにする」というような放送がある。「ピーカン」は「晴れ」のことである。

〈パンつなぎ〉

「パンつなぎ」は、「伴淳を今夜中に東京へ送り出さなければならないから夕食をとっている暇がない。パンと牛乳などで腹をふくらませ、そのまま撮影を続行する」というようなことである。

〈わらう〉

「わらう」は、今まで部屋にあった花瓶などを、撮影のアングルの都合上ないことにするということである。撮影用語なのだが、勝手に一人歩きして、都合の悪いことが起こると「それはわらってしまおう」などと、ほかの部署まで伝染している。

第2章　大混乱の日米合作、『パイナップル部隊』

当時の松竹京都撮影所

当時は、次から次へと2本立ての作品を作り続けなければならなかった。

ドタバタ喜劇『番頭はんと丁稚どん』（60・酒井欣也）の助手をやることもあった。担当プロデューサーは島津清プロで、その助手である。

当時売れっ子だった花登筺《はなとこばこ》原作のテレビ作品で、大村崑、芦屋雁之助、芦屋小雁の3人トリオで評判になっていたが、これを映画化すると映画でも大いに当たった。久しぶりに景気のよい興業成績記録が届けられた。

だが、この大当たり現象は、裏を返せば、当たる映画というものが、テレビの影響を大きく受ける時代になったことをも証明していた。

それにしても、この花登筺という人は、不思議な喜劇的センスを持っていて、今でも忘れられない企画がある。

それは「日本もし勝たば」という話で、「日本がもしアメリカに勝っていたら、どんなことが起こったか」を描いた喜劇である。とりわけ強烈な印象を持ったのは、ラストシーンで日本の山下奉《とも》文《ゆき》将軍が、ニューヨークのエンパイヤーステートビルの最上階で、津軽山唄か何かを、尺八で朗々と吹き鳴らすという件である。奇想天外なドタバタ喜劇とはいえ、スケールの大きいストーリーだなと思った。

花登氏は若くして死んでしまったが、おれも、いつか一本立ちのプロデューサーになったらやってみたいと思った企画だった。

肝心の『番頭はんと丁稚どん』の内容は忘れてしまったが、覚えていることが一つある。というのは、ある日芦屋雁之助がおれの傍へやってきて、上目づかいでにっこり笑い、「斎藤さん、これをどうぞ」と言って何かを渡してくれた。その時もらった高級なフィリップスの三ツ刃のひげそりは、50年余り経った今でも使っている。

森美樹の死と大曽根辰保監督

そのころ、京都撮影所には、大曽根辰保という監督がいて、『大忠臣蔵』(57)とか『大江戸の鐘』(58)などという大作を作り、京都では巨匠と呼ばれていた。

しかし、そうした大作より『侍ニッポン』(57)や『夜霧のブルース』(63)というような作品が好きだった。特にそれらの映画の主題歌が印象に残った。

〽人を斬るのが侍ならば、恋の未練がなぜ斬れぬ、とかディック・ミネが歌う、〽青い夜霧に灯影が赤い、どうせ俺らは独り者、などである。

これは、大船のメロドラマに対する、京撮のメロドラマであると言えるかもしれない。そういう活動屋的娯楽作品がこの監督の勝れた特徴だったと言える。

一度だけ、『あんみつ姫の武者修行』（60）という、鰐淵晴子主演の正月作品につきあったが、巨匠としては、「いくら正月映画とはいえ、こんなチャチなものをやらせるとは、会社はおれを舐めているんじゃないか」というような気持ちがほのみえた。

そうだろうと感じたが、にもかかわらず、最後のダビングの時に、徹夜で眠りながらも、何度も何度も駄目だしをするあの執念にはおそれいった。

その大曽根監督が手塩にかけて育て上げようとしていた森美樹という時代劇のホープがいた。彼は嵯峨美智子と組んで、売り出していた役者だったが、ある夜、酔っぱらってストーブを蹴飛ばし一酸化中毒で死んだ。

高田浩吉に代わってこれからと期待していた役者だけに、大曽根監督の悲嘆もはげしかった。「馬鹿野郎が……」と、突然、悔し涙を流すことが多くなり、そのうちに肺ガンになって自分も死んでしまった。

最後まで付き添った人の話しによれば、体はもうとっくに死んでいるのに、「悔しい」という無念の声は死んでも続いていたという。監督商売も、こうした執念が人一倍強くないとできない仕事のようだ。

まだ若く、50歳代だったが、京都撮影所にとっては重要な柱を失ってしまった。その後、大船撮影所が、小津安二郎監督を失ったのと重なって、東西の２人の人材の死は映画界にとっても大きな痛手だった。

『二等兵物語』と『伝七捕物帖』

この大曽根監督の後を追って次第に台頭してきたのが、福田晴一監督である。

松竹京都は、時代劇が主で現代劇は少なかった。それでも伴淳・アチャコの『二等兵物語』(55)は興行的にも成績がよかったので、福田監督によってシリーズ作品が何本か作られていた。

〽起床ラッパはつれないラッパ
起きろ起きろと夢破る
何で嘆こうか二等兵の身でも
燃える血がある夢がある

作曲家・木下忠司さんの作った主題歌が、毎日のように撮影所の中を景気よく流れる。

伴淳がややたるんだ軍服を着て、青筋をたてて「アジャパー」と叫んで行進すれば、その傍らで、よれよれの軍帽を斜めに被った花菱アチャコが、しきりに「ムチャクチャでござりまするわ」などと言っている。

一方歌う二枚目高田浩吉が手鏡を見ながら、薬指で口紅を引いたり、目の下に黒いせんを引いて目玉を強調したりと、メークアップに専念している。その傍らに、山田五十鈴の娘、嵯峨美智子が、妖艶というか、ゆるんだといおうか、整い過ぎた美貌でトロンとして座っている。両者のコンビによる『伝七捕物帖』(54〜63) は、『二等兵物語』(55〜61) との2本立てで、京都撮影所の当時のドル箱路線だった。

京都のプロデューサーたち

企画室には何人かのプロデューサーがいたが、それぞれ個性のあふれる作品を作りつづけていた。橋本正次プロデューサーは『紀の国屋文左衛門　荒海に挑む男一匹』(59・渡辺邦男) を、坂井禅互プロデューサーは五所平之助監督で『「通夜の客」より　わが愛』(60) などを作り、島津清プロは内川清一郎監督の『夜の波紋』(58) や『番頭はんと丁稚どん』などを、小角恒雄プロは『こつまなんきん』(60・酒井辰雄) を作っていた。

脚本部に小倉浩一郎さんという人がいたが、かつて伊藤大輔監督やマキノ雅弘監督などで時代劇の数々を製作した人だった。

現状としては、杉山プロと岸本プロが主流を走っていたようだった。

京都撮影所企画室。プロデューサー、シナリオライター。前列左から３人目が杉山茂樹室長。２列目左から２人目が筆者

おれは企画室の上に並べてある作品の数々の札を眺めながら、ここには映画界の数々の歴史が繰り広げられたんだなあと感慨深いものがあった。

不吉な予感

昭和34年（１９５９）のことである。岸本プロが東京の出張から帰ってきて、「これをやることになったよ」と一冊の本をさしだした。

見ると『パイナップル部隊 Hey, Pineapple!』、著者はロバート・本郷と書いてある。見かけぬ本だが何だろうと思っていると、岸本プロが、「これは朝鮮戦争に従軍したハワイの日系二世の話だ。彼らのあだ名が〝パイナップル部隊〟、異色作だが運良く会社のＯＫがとれたので、脚本を小国英雄、監督を内川清一郎、主演・杉浦直樹でやることになった」と言う。

岸本プロは、ＮＨＫから映画にやってきた経歴のせいか、小柄な体躯から大胆不敵な企画をたてることが多かったが、これもそのひとつだった。

「京撮始まって以来の日米合作映画でもあり、アメリカ国防総省（ペンタゴン）も全面的に応援してくれることになっている。また、2、3日中にはペンタゴンからメージャー・ドーテー（陸軍少将）が、アドバイザーとしてやってくることになっている。戦争場面もあって大規模な作品になるだろうから手伝ってくれ」と言う。

「分かりました」と言ったが、なぜか不吉な予感がする。

こちらも時代劇ボケしているのか、日米合作映画といわれても、何がどう始まるのか、さっぱり見当が付かない。まるで、三度笠を脱ぎ捨てて、アメリカの軍服に着替えるようなものだから、おれだけでなく、現場の混乱も避けられないだろう。

しかし映画屋の本能として、珍しい企画や、不思議な題材には、心が躍り出す癖がある。この際ペンタゴンとやらとつきあうのも良い経験になるだろうなどと、高をくくっていた。

だが、シナリオを読んでみてびっくりしたのは、ごっちゃごちゃに入り乱れた登場人物の多さであった。

サブ、オキ、ネコ、ケン、ジム、バード、ピーター、マイルズ、マーチ、そんな名前ばかりだ。英語の名前も頭に入らないが、シナリオを読んだだけでは誰が何の役なのか、イメージがさっぱりつながらない。

こちらも頭に入らないのだから、大道具や小道具係が、だれにどの軍服を着せ、どんなピストルや鉄兜を持たせたらよいのか分からないで、あたふたしているのも無理がない。

加えて伴淳、山田五十鈴、桑野みゆき、十朱幸代、春川ますみ、小坂一也、などという日本側の俳優が、芸者になったり、娘になったり、寿司屋になったりで、これに外人の芝居が絡むとなると、やってる俳優の方も何をやっているのか分からない状態になるのは眼にみえていた。業界用語でいえば、「どうすることもキャンノット」の状態である。

現場も混迷

ストーリーがややこしくてよく分からないので、何とか整理して頭にたたき込もうとしたが、無駄だと思って途中で止めた。だが、しばらくするとそれではごまかし切れないので、どうしても全体像だけは掴んでおかなければ仕事が進まなくなってきた。そこで、久しぶりに、受験時代のように、ねじり鉢巻きをして整理してみると大体次のようなストーリーになる。

——朝鮮戦争中の昭和26年（1951）、ハワイで招集された日系二世の若者たちが朝鮮戦線へ出発する前に短期間だけ日本の土を踏んだ。その彼らが思い思いに、日本人の親類関係の人間と出会い、しばらくの親交を楽しんだあと戦場へ向かって出陣してゆく。そしてある者は戦死し、ある者は負傷し、ある者は無事帰還するまでの物語である。

それはそれでいいのだが、それぞれが、それぞれの物語を背負って登場してくるのがこれまたややこしい。

たとえば、サブこと杉浦直樹は、寿司屋を営む政五郎伯父（伴淳）と会うのを楽しみにしているとか、ブッダ・ヘッド熊谷（青山宏）はいわゆる仏教徒で父親からお守り札を持たされてきて、戦死する時、それを握りしめて死ぬとか、美人の写真をお守りにしている写真屋がアベ（中原功二）、ウクレレのうまいのが山村（ミッキー安川）、孤独なピーター石川（山下洵一郎）、黒人とのハーフ、カネイ（月原一夫）、女のように優しいスージー（大川二三夫）など。ハワイといってもいろいろな国の人間がいて、いわばハワイに住む多国籍軍である。

加えて指揮するアメリカ人がややこしい。マイルズ中尉（ビル・ロス）、マーチ軍曹（ジェリー伊藤）、テーラー中尉（カーロス・ニューカム）、プライス大尉（ハワード・ラーソン）、ヘンリー軍曹（セルダン・ウェッソン）等々が卍巴に絡んでくる。

シナリオによれば、これらパイナップル部隊が3日後、出陣するというので、日本人側の歓待も大いに盛り上がり、キャバレーに繰り出したり、寿司を食べたり、女に言い寄ったり、芸者遊びをしたり、中にはハワイに残してきた許嫁に裏切られて荒れ狂っているとか、死を前にして踊り狂う若い戦士たちのエネルギーが燃え上がる。

キャスティングも、北鮮軍の兵隊が大量に必要なので、大部屋俳優を総動員しても間に合わない始末。まともな配役などもできるはずがない。

かくて、『パイナップル部隊』の混迷の度合いは、日ごとに深刻になりつつあった。

それだけではない。これは朝鮮戦争の話だから、当然のことながら戦争の場面が多い。この戦争場面は、朝鮮半島へロケーションに行くのかと思ったが、富士山御殿場の自衛隊基地でやるという。

一方、出演する俳優が日系二世だけでなく、アメリカ人、韓国人、黒人など多国籍軍の入りまじった構成になっているので、案の定、韓国人の俳優と日系二世のミッキー安川などが、しょっちゅう喧嘩ばかりしている。

『パイナップル部隊』〔監督：内川清一郎、1959年、写真提供／松竹㈱〕
主演の杉浦直樹

「穴を掘って埋めるぞ」と一方が言えば、相手はスコップを振り上げて韓国語で喚きあう始末。おれも何とかなだめようとしたが、英語と韓国語の喧嘩だからさばきようがない。

ともかく毎日のように、オープンセットに塹壕を掘る仕事ばかり続くので、マイク・佐野（オキ役）が、頭から砂をかぶらされながら、ふたりを止めるのが仕事になってしまう。

そうした多国籍軍の中で、マイルズ中尉という重要な役をやったビル・ロスという俳優がいて、これがなぜかおれに親しみをもって毎日話しかけてくる。彼には綺麗な日本人の奥さんがいて、毎日セットへやってきて、夫と昼飯などを一緒に食べる。

するとそれまで喧嘩していたミッキーと韓国俳優が一緒になって、「みんなが一生懸命になって、穴を掘ってるのに、昼間からいちゃついていていいのか」などと、今度はおれに絡んでくる。すると、おとなしいマイク・佐野がそれを見て、おれたちの間に入って彼らを押さえつけるということになる。

みんな、次第に気がたってきた。

巨漢、内川清一郎監督

加えて内川清一郎という監督は、いまから思えば、この作品には、あまり適切ではなかったと思われる節もある。

彼は、かつて、名匠・溝口健二の助監督で『西鶴一代女』(52) などのチーフをやった人間だから、『夜の河』(56) や『女侠一代』(58)、『妻の勲章』(59) など男女のもつれる映画ならいざ知らず、男だけの戦争映画など撮れないのではないかと直感したが、もう岸本プロが決めてしまっていたから仕方がない。

しかし、この監督は、外見は堂々たる恰幅をして、いつも顔の色が少年のように赤らんでいる。撮影のかけ声も、東の大島渚に勝るとも劣らないほど大きい。見たところ、いかにも、戦争映画の監督にふさわしいように見えるのだが？

そして、最初の不安な直感は当たっていたようだ。

クランクインの翌日から日本人、アメリカ人、韓国人、黒人などが入りまじった奇妙な寄せ集めの軍隊が、アメリカ陸軍の軍服を着て撮影所の中を予備行進し始めた。

それはそれとしても、お互いの軍服の色がまちまちだったり、歩き方もぎくしゃくしていてぎこちない。そんなことには頓着せず一行は、「ハッ・テン・トゥー」などと、よく分からないかけ声を上げながら勇ましく行進するので、物珍しさに事務所の人間や、あちこちから別の組のスタッフが集まってきて見物している。

巨漢、内川監督が、ガラスも割れるような大声でなにか怒鳴っているが、実のところ、監督自身もどうしたらよいか分からないので、ともかく行進させて、様子を見てみようというような案配だった。

そして一番困ったのが、メージャー・ドーテーというおっさんである。

ペンタゴンから派遣された少将だとかいうが、この男が撮影所の一室に陣取って、ラッシュ（部分撮影）が上がるたびにそれを見て細かく注文をつけてくる。

軍服の色が違うとか、腕につけた山形の徽章が逆さまだとか、鉄兜の迷彩が違うとか、言われるたびにせっかく撮ったフィルムが撮り直しになる。

なにせ、いつも時代劇専門で、刀や合羽や煙草盆などの小道具を扱っているスタッフだから、ドーテーおっさんの注文についてゆけない。

気の毒にも小道具の係が、言われるたびに東京まで出かけ、日本橋の明治屋あたりで細々と品物を揃えて帰ってくるまで、撮影中止である。スタッフもいらいらするが、巨漢内川清一郎が口の隅から白い泡を出して、「あのドーテーおっさんをアメリカに返してしまえ、そうしなければこの写真の封切りは保証できないぞ」とわめく。

監督は、英語ができないので、通訳の女の人にあたりちらすので、しまいには通訳が泣き出す始末。そういうおれも英語の会話はろくにできない。現場はいよいよ混迷の度を増しつつあった。

ぼやきが大げさなことに

一方、岸本プロは、現場を俺にまかせっきりで東京で米軍関係者と戦場場面の打ち合わせをして何日も帰ってこない。

現場では、毎日毎日、訳の分からない事件ばかり起き、この映画は、何も日本で作る必要がない、むしろ、アメリカで撮った方がずっとうまくいくのじゃないかと思われるシーンばかりだ。

弱り切っておれがある日、制作主任の桐山氏に、「こんな状態なのに、肝心のプロデューサーがいないいんじゃやっていられないよ」と思わずぼやいたらしい。

それを桐山氏が岸本プロに大袈裟に伝えたのであろうか、しばらくぶりに帰ってきた岸本プロが、「斎藤君、話がある」と言う。「何ですか」と聞くと、「君は私の留守中に、私が東京へばかり行って、何にも仕事をしないと、スタッフの前で非難したらしいな。そんなふうに陰でおれの悪口を言うのなら、この仕事をやらなくてもいいから辞めてくれ」と言う。

おれは単なるぼやき程度のことだったので、こんなふうに大袈裟に言われる筋合いはないと思ったが、あまり激しい口調で言われたので、思わず「どうもすみません」と言って、その場はとりあえず引き下がった。

しかし、家へ帰るとむらむらと怒りがこみあげてきた。おまけに無理に抜かれた親知らずの歯茎が腫れ上がってずきずき痛む。しかし、どうしても我慢ができなくなってきたので、外へ出て公衆電話から仁和寺の岸本プロの自宅へ電話を入れた。

おれは覚悟を決めて叫んでいた。

「桐山氏が何を言ったか分かりませんが、一生懸命やってきたつもりなのに、あんなふうに言われたのでは、やってられません。辞めろと言うなら結構です。明日から仕事には行きませんから」

するとと相手は、いつもはおとなしい方のおれが、大声で怒鳴るので、慌てた様子で、「いや、いや、そんなつもりで言ったのではないから誤解しないでくれ。それに、大変だろうが、この仕事はどうしても君にやってもらわなければ困る」と言う。

「そんなつもりで言ったのではないと仰いますが、昨日、辞めろと言ったじゃないですか」と言おうと思ったが、岸本プロも日頃は、あまり弱みを見せたことのない人間だった、それが珍しく折れて出たので、そう言われると、こっちも次第に怒りが収まっていった。それに、スタッフから途中で仕事を投げ出したといわれても悔しいので、気を取り直し、「分かってもらえたらそれでいいです」と言って電話を切った。

これから以後、岸本プロのこちらに対する態度が大きく変わった。

助監督が行方不明？

だが、問題はそれどころの話ではなくなっていた。混成パイナップル部隊が、明日からいよいよ御殿場で戦争シーンの撮影を開始するというのである。

原作を読んだ印象では、これが悲惨きわまりないものであった。たとえばナパーム爆弾で火の玉になって焼けただれて死ぬような場面とか、シャーマン戦車が人間を踏みつぶしてゆくとか、喉を撃たれた兵士が、うがいをするような大きな音をたてて血を吹き上げると口のあたりに肉片がぶら下がっているとか、無数の黒焦げ死体の山が転がるとか、そんな場面の連続である。時代劇の国定忠次や、平手造酒の果たし合いで、斬られ役が死ぬような訳にはいかないリアルな場面の連続だ。

ともかく、ロケ隊の準備を整え、出発したが、その前に御殿場の現場を下見しておこうということになった。行ってみると、驚いたのは、いきなり大砲を撃つ実際の演習場面に出くわしたことである。アメリカ製の大砲を自衛隊の兵士が撃っている。

長い大砲の筒が空に向かって斜めに定められると、横に立った砲兵隊員が、細い綱をぐいと引っ張る。すると、天地を揺るがすような爆音がとどろき渡り、大きな赤い火の弾が真っ黒い空に炸裂した。

その音があまりにも凄まじく、腹の下のあたりが一挙に縮みあがってしまった。それと同時に四方の数十メートルの草が、黒く焼けただれて竜巻のように空中に舞い上がった。

その状景はこの世のものとも思われぬほどで、発射する隊員の姿がまるで地獄の門番のように見える。

おれは腰を抜かして思わずそこにへたりこんでしまった。後から思ったことは、これじゃ俺はほんとの戦争に行っても何の役にもたたないだろうな、という妙な確信を抱いたことだ。

さらに翌日の本番になると、あの火の玉の大砲は何度もぶっ放された。

さすがの内川巨漢監督も怖じ気づいたのか、今日はこれでうち切るといって大急ぎでロケバスに飛び乗る始末。それで事が終わればよかったのだが、人数を数えると、助監督の増田がいないという、増田は太っているので、マスデブと呼ばれ、監督が非常に可愛がっていた男だった。

そのマスデブがいないというので、監督の顔色が変わった。いきなりバスを降りると、まだ轟音とどろく大砲の方に駆け出し、あのガラスも割れるような声で、「増田、増田」と怒鳴ったが一向に反応がない。他の助監督も一緒に探したが、どうも大砲の弾が飛んだあたりにまぎれこんだのではないかということになった。

大変なことになったと、監督もさらに大きい声で呼び続けるのだが、いくら声が大きいといっても、大砲の音にはかなわない。

しばらくすると、暮れやすい富士の裾野は一挙に暗くなってきた。どうしようもないので、いったん宿へ帰って対策を立て直そうということになった。

みな疲れ切ってものも言わず、うなだれて宿へ着いた。

宿へ着いて、マスデブがいなくなったことを告げると、宿の番頭は不思議そうな顔で、「増田さんならとっくに帰ってきていますよ」と言う。「今風呂から上がってビールを飲みながら部屋で涼んでいます」と言う。それを聞いた巨漢監督の顔色が真っ赤になった。そのまま物もいわずに増田の部屋へ突進して行った。

その後、どうなったのか知らないが、こちらもまだ腰をぬかしている状態なので、そうそうに自分の部屋に引き上げて眠った。

爆音とともに吹っ飛ぶ人間

しかし、問題はそれだけでは片づかなかった。

事件は次の日の戦闘場面で再び起こった。ロケは御殿場の裾野で行われたのだが、シナリオによれば、稜線のかなたから、北朝鮮の軍隊がどっと押し寄せてくるのを、大砲で迎え撃つというクライマックスシーンである。

ボロの軍服を着た北鮮軍、即ち大部屋俳優とエキストラたちは、稜線から、イナゴの大群のようにトキの声をあげ、ジャンガラ、ジャンガラと空き缶のようなものを叩きながら襲いかかってくる。人海戦術で何度も何度も、へとへとになるまで襲いかかってこなければならない。

映画屋は、特に演出家は、やはり土方の大将でなければつとまらぬ仕事だとしみじみ思わされる場面だ。

それはそれでいいのだが、この場合、襲いかかってくる北朝鮮のエキストラ軍隊は、あらかじめ決められたコースに沿って降りて来なければならない。なぜなら、途中にたくさんの爆薬が地雷のように埋めてあり、そこを避けながら降りて来るようにと、エキストラのリーダーには前もって厳重に言い渡してある。

「よーい、いいか、ゆくぞ。1回きりの本番だぞ、ゆくぞー」連日の出来事でかすれてしまった監督の大声が響く。「ゆくぞ、いいか、スタート」。

どっとなだれこんでくる北朝鮮軍、かなりの迫力だと喜んだ瞬間、北朝鮮軍の波のど真ん中にドーンと爆音があがり、人間が4、5人吹っ飛んでしまった。

「馬鹿！　猪股！　何やってんだ。ちゃんとボタンを押せっ」と巨漢が怒鳴る。だが、その声にますますあわてててしまった猪股助監督は、またまた間違ったボタンを押してしまう。すると駆け下りてくる北朝鮮軍エキストラの行く先を狙ったように次々と爆発が起こる。エキストラ北朝鮮軍が、そのたびにまたまた吹っ飛ぶということになる。

実は、前もって地中に爆薬を仕掛けたあと、それを図面に正確に写しておき、北軍エキストラの前後で怪我人がでないようにボタンを押す順番がキチンと決めてある。それを、秒数を決めて、1、2、3と順番に押せばよいことになっていた。

しかし、いざ本番となると、スタッフも、日頃こんな戦争場面の撮影に慣れていないから、監督の大声に思わずビビってしまう。

チーフの猪股助監督もその大声に慌ててしまったのであろう、秒数や順番を間違ったまま、無闇にボタンを押し続けるという混乱状態に陥ってしまった。

だが、爆発しなければ、このシーンは、ボロを着たホームレスが、ジャンジャンガランと、鐘やドラムカンを、狂気のように鳴らしながらヌーの大群のように丘を駆け下りてくるようなものだから、どうしても途中で止めることができない。

何度も何度もエキストラを本当に吹き飛ばしながら、やっとのことで撮影が終わった。

「これは怪我人がたくさん出て、ひょっとすると、死人がいるかもしれないぞ。えらいことになってしまった」と思いながら、慌てて爆発現場へ駆けつけたが、幸いにも、怪我をした人数は案外少なく、火傷の薬を塗るぐらいですんだらしい。

胸をなでおろしたが、一方、肝を冷やしたエキストラたちも、「こんなことは二度と御免だ」とロケ手当を大分ふんだくって大急ぎで帰って行った。

考えてみれば危ないところだったが、この作品の中で一番迫力があったのはこのシーンだったというのが、いかにも皮肉な映画であった。

ロケはなんとか終わったが、上映するまでの編集の作業で、またまた、あのメージャー・ドーテーおっさんの駄目出しもからんで困難を極めた。編集部としても、フィルムをたくさん撮りすぎて前後の脈絡がつかない状態に陥っていた。その中でたった一人だけ慌てなかったのが、美術の水谷浩だった。

混乱を横目にみながら、悠然とタイトルバックに使う米軍ヘルメットを書いていた。

そんなわけで、混乱を極めた『パイナップル部隊』は、さっぱり筋の分からない、まさに、メージャー・ドーテーならぬ「どてーっ」とした作品になってしまい、それを映画館でもう一度見る気にはなれなかった。スタッフの独りが試写を見て、「さすがに、水谷のおっさんのタイトルバックはよかったなあ」と言った。ダビングの時音楽の黛敏郎氏が立ち会わず、吉沢さんという人が代わりにタクトを振ることになった。それを聞いた監督は怒り狂ったが、監督もこの作品がうまくいかなかったことに腹を立てて、誰彼となく当り散らしていたのかもしれない。

作品が終わってからも、しばらくの間は、内川清一郎監督の大きなスタートのかけ声だけが、虚しく三半規管に残っていた。

思い起こせば愚かだった

『パイナップル部隊』は、一口で言えば大混乱の中に終わった作品だった。やることなすことがみんなイスカの嘴のようにくいちがっていた。

だが、あとで落ち着いて考えると、あの混乱は誰のせいでもない。当時、われわれ日本人全体が、ハワイの日系二世の歴史や心情について、正しい理解を持っていないということが最大の問題だった。

なぜなら『パイナップル部隊』は、祖国アメリカのために死んだ兵士たちの物語であり、日本という父母たちの祖国を知らない人間たちの物語であり、日本人の姿をしていても中味はアメリカ人の物語である。

これはやはり、アメリカ人の監督が作るべき作品であった。たとえば『地上より永遠に』(53)のフレッド・ジンネマン監督とか、『ディア・ハンター』(79)のマイケル・チミノ監督とかが、これを撮ったらよいものになっていたであろう。

もし、『パイナップル部隊』が、アメリカという国をこよなく愛するこれらの演出家によって作られていたら、この作品の本質的な部分が鋭く掴み出され、勝れた作品になったであろうと、惜しまれてならない。

『パイナップル部隊』マイルズ中尉役のビル・ロス（左）と筆者

終わってからもう一度、原作を読み直してみたが、驚いた。これは無残な「殺戮の書」ではないか。もしこの作品をもう一度誰かが撮ることがあるとすれば、あの残虐な部分を省略したら意味がない映画であると思われた。最も残虐なあの場面とは、次のところである。
――北朝鮮軍に捕らえられて、拷問され、瀕死の状態でもどってきた森田というパイナップルが、胸と腹を銃剣で切り刻まれ、足の爪も指の爪も全部剥ぎとられて、足の裏には一面の切り傷がある。「血が口からふきでて、唇のあいだから肉片がぶらさがっているのが見えた。どうしたことかと、口をあけさせてみると、私はもすこしで失神するところだった。舌があるべきはずのところに残されていたのは、引きちぎられた肉片だけだった。私は、顔の血をいくらか拭い去った――そして、それは私の親友、森田だと知った。」

ほかのことは全部忘れても、この場面だけは描かなければ意味はない作品だったかもしれない。しかし、それはこの作品では描けなかった。

残念ながら、今、映画づくりという戦いが済んで日が暮れて、改めて『パイナップル部隊』という本の意味を確かめているようじゃ、おれはやっぱり馬鹿な人間といわれても仕方がないと悔やまれてならなかった。

それにしても、時間はなぜこんなに早く流れ去ってしまうのであろうか？

キリキリ舞いした猪股助監督も、増田助監督（マスデブ）も、もうこの世にいない。

第3章　不思議な満足感が残る『切腹』

初めての企画――『伴淳の駐在日記』

プロデューサー助手の大事な仕事は、映画のネタを探すことである。たまたまその頃、久松静児監督の『警察日記』（55）を見て面白いと思ったので、『伴淳の駐在日記』（60）というストーリーを出したら、それが採用になった。監督は新人の倉橋良介という人がやることになり、脚本は山根優一だった。

クランクインしたので、セットを見に行ったのだが、どうも演出のイメージが違っているように思われる。桃の咲く村で定年まで勤めあげた巡査のイメージなのだが、それはともかくとして、伴淳三郎の巡査が晩酌の酒の肴に生きた鶏の毛をむしりながら丸裸にして煮て食べるというトップシーンがカットされている。暴れる鶏を生きたまま毛をむしるという格闘シーンをトップで描いてほしかったのだが、それがないということは、全体がメリハリのない作品になってしまいそうだ。案の定、あまり特徴のない作品になってしまったが、作品のタイトルには、「企画・斎藤次男」という文字があった。

そして、これがどこかから生まれ故郷の村に伝わったらしい。おふくろが仲間と一緒に街の映画館へわざわざ観に行ったのはよいが、同じような題名のピンク映画だったらしい。おふくろは赤っ恥をかいたらしいが、最初から変なめぐりあわせの企画作品だった。このあたりで、おれは映画はどこかで企画者の願いを次々に壊していってしまうことが多いものだということを身にしみて悟った。

共産党推薦映画？

2、3年ほど、製作助手をしながら、一通りの流れを覚えながら、娯楽時代劇や喜劇などの作品をやっていたが、昭和37年（1962）、小林正樹監督の『切腹』という作品をやることになった。

小林正樹といえば、木下恵介門下の優等生で『破戒』（48）から『日本の悲劇』（53）までのチーフ助監督をつとめ、監督になってからは『あなた買います』（56）とか『壁あつき部屋』（56）などの異色作を作っていた。

それよりも何よりも、当時、大作『人間の条件』5部作（59〜61）を作り上げ、やがては黒澤明と並ぶ監督になるだろうと聞かされていた。膨大な製作費を使って、あんな大作を仕上げるのだから、さぞかし鬼のように仕事をする監督だろうと覚悟していた。

そして驚いたのは、この作品のプロデューサーが5年前、おれが松竹へ入社した時、大阪支社行きを命じた細谷辰雄重役だった。岸本プロが、その補佐ということになっているらしい。

細谷プロは、東京で主な段取りや配役は決めてきていたが、京都の制作現場はよく知らないようだった。そこでおれを呼んで、「現場の細かいことはお前に任す。しかし何か問題があったら私が出て行くから安心してやってくれ」と言って、あとは毎日のように、玄関傍の組合事務所で、組合長の芦原将軍（みんながそう呼んでいた）と碁ばかり打っている。

岸本プロは、次の作品のことで東京へ行き、ほとんどいなかった。

だが、現場を任すと言われても、この監督がどんな、仕事のやりかたをするのかがよく分からない。『人間の条件』のように恐ろしいことになるのかなあなどと思いながら毎日、助監督と一緒に現場をうろうろしていたが、なるほど本格的な映画とはこんなふうにして作るのだなあと物珍しいことが多かった。

この『切腹』という作品は、覚えている人も少ないであろうが、おれ自身としては、50年経った今でもいろいろなことを鮮明に覚えている。

原作・滝口康彦『異聞浪人記』を橋本忍が『切腹』という形で脚本にしたものである。

あらすじを簡単に述べておくと、

徳川が豊臣を滅ぼし、泰平の世になった元和の頃、食い詰め浪人の津雲半四郎（仲代達矢）が井伊家上屋敷を訪れ「切腹のためお庭を拝借したい」と申し出る。それを一応聞き届けた家老斎藤勘《か》解由《げゆ》（三國連太郎）は、実は去る日、同じ用件で来た千々岩求女（石濱朗）なる者の話をした。

最近、窮迫した浪人者が、切腹すると称して大名屋敷を訪れ、なにがしかの金品をもらって帰ることが流行しており、それを苦々しく思っていた勘解由は、切腹する気のない求女に、その場をし

『切腹』〔監督：小林正樹、1962 年、写真提供 / 松竹㈱〕
仲代達矢（右）と丹波哲郎

つらえてやると、切腹を迫った。

貧しさのため、竹光しか持たぬ求女は狼狽し「一両日待ってくれ」と懇願したが許されず、その竹光で腹を刺し切腹させられる。苦悶でのたうちまわる求女に、介錯役の沢潟彦九郎（丹波哲郎）は、「十分にはらわたを引き回せ」と、死にきれずに舌を噛むまで待った挙げ句、無残に斬殺する。

だが実は、切腹させられた求女は、津雲半四郎の娘・美保の婿であり、亡き親友のわすれ形見であったのだ。それまで、孫も生まれ、ささやかながら幸せな日が続いていた矢先、美保が胸を病み、孫が高熱をだした。貧しい浪人生活で薬を買う金もなく、思いあまった求女がこの行動を起こしたのだ。

「せめて、待たねばならぬ理由ぐらい聞いてやってもよかったのではないか」「武士の面目などとは、所詮表面だけを飾るもの」と、半四郎は厳しく詰め寄る。

それを武士の誇りを建前に居丈高に応える勘解由に、半四郎はやおら懐から髷を3つ取り出し、その前に放り投げる。

それは求女に竹光で切腹を強要した3人の井伊家の剣客たちの髷だった。半四郎はすでにその3人の髷を切り落とし、それを懐にしてやってきていたのだ。

高々と嘲り笑う半四郎に、抜刀した家臣が殺到する。

半四郎は井伊家先代の鎧兜をけちらし、数人を切り倒したが、最後は、種が島の鉄砲で撃たれ、これまでと観念した半四郎は、みずから切腹し、井伊家の象徴である鎧兜を地面に叩きつけて果てる。

しかし、この出来事のいきさつは隠され、3人の髷を切られた者は病死として密かに切腹させられる。そして半四郎に対する勘解由の処置は、井伊家の武勇を江戸中に響かせ、老中よりも称賛の言葉があった――

という、なんともやりきれないストーリーだ。

Kという助監督が、なぜかおれを見てニヤリと笑い、「馬鹿馬鹿しい話だね」と言った。おれはなんとも判断がつきかねたので、大道具の忠《ちゅう》やんに、「どうかね？　この話は？」と聞くと、「共産党推薦映画だな」と言った。

なるほど、現場の人間は穿《うが》ったことを言うもんだ。

三國が井伊家という封建制度の代表、仲代の半四郎は、武士という階級を失った無職のプロレタリアート、その半四郎が、たった１人で革命を起こすための捨石となる、という構図が浮かびあがるのであろうか。

すると、Ｋがまたそっと言った。

「助監督のＭの兄さんは、終戦の時、和歌山の香良洲海岸で割腹自殺している。彼が、この映画をどう思うかなあ」と。

そんなことがあったとは知らなかったし、突然、そう言われても何とも返事のしようがなかった。

旅館にこだわる監督

だが、いざ仕事が始まってみると、いろいろなことが起こってくる。

まず、小林正樹という監督に初めて会ったとき、のしかかってくるねちっこい圧迫感を感じた。やや唇を突きだして上目づかいで、疑い深そうに人を眺める。決して妥協しないぞという会社泣かせの面構えにも見える。

しかしその演出力はさすがであった。ラッシュ（部分カットの試写）を見ても、重厚で迫力がある。これは見応えのあるものになるぞと思うと、あとはスタッフがみんな映画屋の本性まるだしで、共産党推薦であれ何であれ、無節操もいいとこで、仕事にのめりこんで行ってしまう。

一方、この監督は東山の高級旅館に泊まったが、その宿泊条件が、だだっ広い広間がある旅館でなければならないという。

やっと条件に叶う宿があったが、この監督、朝早く起きて旅館の大広間を独占してしまう。そこを切腹の白州にみたて、びくとも動かないで演出の構想を練るらしい。

そのため、ほかのお客を泊まらせることができないと、宿屋のおかみさんが泣きついてきた。

「薄気味わるい人やわ」と顔をしかめる。

制作経理と話し合って、なんとか宿代を割増してやり、なだめたが、やることが何だかほかの監督とは大きく違っている。

幸いこの作品は『人間の条件』のような凄まじい戦場場面はないので、製作費破綻の心配はなさそうだが、その分、ほかのことで神経を使わなければならない。

門の高さですったもんだ

それで、まずひっかかったのが、井伊家の門の高さの問題だった。

美術監督の戸田重昌の描いた設計図によると、井伊家の門は雲を突くように高くなければならないということになっている。

それを見てびっくり仰天したのが制作経理のＡ課長であった。

こんな大きなものを建てたことがないし、膨大な金がかかる。普通こういうものは京都の歴史的な建物でロケをするので、そうしてくれと戸田美術に言う。

すると戸田美術は、「この門は封建制度の象徴だから、どうしても雲をつくほど大きくなければならない」と、妥協する気配がない。「黒澤明監督のセットなどはこんなものじゃありませんよ」と言う。

確かにそうだが、Ａ経理としては、製作費をおさえなければならないのが仕事だ。

だが考えてみれば、京都には、東本願寺のような大きな門はあるが、どれもこれもお寺の門ばかりで武家屋敷の門としては使い物にならないのも事実だ。

上野の寛永寺の傍に、それらしいものがあるが、東京ロケをやれば、門つくりの予算どころではなくなってしまう。

さんざんやりあっているうちに、２、３日すると、両者歩み寄って、門の高さを少しずつ削ってゆくことにしたが、それでもなかなか折り合いがつかない。「一尺縮めれば幾ら安くなるから」とか、「いや、雲つくようでなければ、そこで勝負が決まってしまう」とか、延々とやりあって、結局、わずかばかり削って妥協点に達した。

ちなみに、切腹のファーストシーンは、この井伊家の門を津雲半四郎が入ってゆく姿からはじまるが、おれにはその門の高さの迫力よりも、屋根に乗っかった夥しい瓦の数の方がずっと気にかかった。

真剣を使う

次にやって来た問題が、真剣を使うということだった。

普通立ち回りには、真剣は使わず精巧に作られた銀紙を張ったものなどを使う。しかし、監督が、千々岩求女を介錯するところだけは真剣でやる、という。

そこで、介錯役の丹波哲郎が、刀を保管している倉庫の前で真剣を振り回し、気合いを入れて練習を繰り返していたらしい。

すると、K助監督がおれのところへやってきて「大変だ」と言う。

「監督が真剣を使うと言ってるらしいな」と言うと、「それどころじゃないんだ」と言う。

なんでも、本番の前に、丹波哲郎が刀を入れてある倉庫の前で、裂ぱくの気合を込めて素振りをしていたらしい。すると、それを見ていた助監督のTさん(最古参で、少しノイローゼ気味だった)が、突然、丹波の振りかぶった真剣の前に飛び出し、ばったりと手をついて、「命ばかりはお助けください」と平伏した。「丹波も驚くし、みんなえらいことになっているから来てくれ」と言う。

驚いてセットへ行ってみると、Tさんは医務室へ行ってもういなかったが、現場ではたしかに水で浄めた真剣を斜めに構えて、丹波が一気にそれを振り下ろそうとしていた。しかしさすがの丹波哲郎も、ぎりぎりのところで刀を止めようとするが、危なくてうまく止められない。

「ぎりぎりまで、ぎりぎりまで」と、監督もカメラマンも、斬られる石濱朗も手に汗を握る思いでやっている。

「危ないな。しかしやるというのだから、しようがないな」と思ってセットを出たが、あとはどうなったか知らない。

出来上がった作品で、その部分を穴のあくほど眼をこらして見ると、勢いよく振り下ろしてはいるが、さすがに振り切ってはいないという感じがする。編集後もう一度確かめると、やはり刃と首の間にわずかの躊躇したような間があったような気がする。しかし錯覚かもしれない。

いくら小林監督でも、首を切り落とすことはできないから、そこはやっぱり活動写真の限界だろう。

真剣は、御殿場の決闘シーンでも使うという。

このシーンもあとでみると、両者の間合いが遠すぎるように思われ、真剣の危なさもあってか、仲代達矢の刀が、丹波の体を遠く離れたまますれ違っている。ここはかえって真剣でない方が迫真力を出せたと思った。

それは、十文字に構えて斬るという、仲代の形にも同じことが言える。あの十文字の構えから斬るのは、殺陣師の主張は通っているが、どこか不自然だった。うまく説明できないが殺陣の形式美に走りすぎるような気がするのである。

殺すか殺されるの時は、もっとリアルで無残な構えが必要だろう。

殺しの剣聖・武蔵は小次郎の目に砂をかけて勝ったとおれは信じて疑わないが（拙著『砂かけ武蔵』（彩流社）参照）、しょせん映画の立ち回りは、西部劇のピストルの撃ち合いのようなものだから、真剣にこだわることだけがいいとはいいきれない。

近衛十四郎の勝れた殺陣を取り入れた方がよいと思うが、当代きっての殺陣師といわれる久世竜の仕様だから、おれが口を挟める状態ではない。

カメラマン宮島天皇

それに、カメラマンの宮島義勇という人も天皇という異名をもち、閻魔大王のように薄気味悪かった。西の宮川一男、東の宮島義勇、２人の「宮天」と呼ばれていた。

『切腹』は白黒写真だから、光と陰のコントラストが命である。そのため、一日の撮影の始まりは、まず大道具のスタッフがいっせいにセットの床や柱を乾いた雑巾でピカピカに磨かねばならない。そこへ照明の担当が必死にあちこち照らすが、天皇がなかなかうんと言わない。

来る日も来る日も、この雑巾がけが行われ、照明がいじられ、俳優も監督もそれが終わるまで辛抱強く待たねばならない。しかし、ラッシュを見ると、素晴らしい画面が浮かび上がってくるので、スタッフもあまり文句は言わなかった。

監督も、天皇には一目おいているようだった。

あとで知ったのだが、この人は『人間の条件』、『どっこい生きている』（51・今井正）、『飢餓海峡』（64・内田吐夢）、『チョンリマ（千里馬）』（64・宮島義勇）、『襤褸の旗』（74・吉村公三郎）など、映画史上に残る名作のカメラマンだった。また、東宝の争議にも関係ある共産党系の人間でもあった。

おれはそんなことを知らなかったから、汚い鳥打ち帽のようなものを斜めに被って、これまたやこしそうなおっさんだなあと思っていた。

だが、ラッシュが上がってくると、やはり画面が、そこいらのカメラマンと全く違っている。これでは、スタッフも文句は言えない。黙って、床を磨くしかない。現場に生きるスタッフは、その辺の才能を鋭く嗅ぎ分けるからである。

しかし、おれは、一度だけこの天皇に文句を言ったことがある。

それは御殿場で、仲代と丹波の決闘シーンを撮る時のことだが、なんと宮天の出した撮影の条件は、「曇って富士山が見えない日でなければならない」ということだった。

富士山が映らない丘陵なら、京都丹波の山奥あたりにあるはずなのだが、やはり曇っていても、その背後に広いすそ野のような空間が広がっていなければ駄目だという。

『切腹』御殿場ロケで天気待ちの、助監督、馬道氏(後の制作主任、右端)**と筆者**(右から２人目)

そのため、ロケマネの寺やんにとって頭が痛いのは、稜線に卒塔婆や地蔵があって、風が20メートルぐらい吹いていなければならないという状景を準備することだ。

そのためには７００馬力の大扇風機を吹かさなければならないので、大ジェネレーターが必要だ。さらに迫力をだすためにはスモークが百本はいる。大道具の忠やんがスモーク係で、「困ったおっさんだ」などとぼやきながら、それでも、大扇風機の下に潜ってスモークを焚くテストをやっている。

大菩薩峠にたちこめる霧のようにその効果が抜群なので、煙にむせながらも忠やんは満更でもなさそうだ。

かくして、もろもろの準備万端整ったが、不幸にも、毎日富士山は晴れてなかなか曇らない。何日も撮影中止である。おれたちは、仕方がないので、助監督といっしょに麓の酒場でドドンパを踊っていた。

そんなある日、にわかに空が曇り始めてきた。

それっとばかりに現場へ駆けつけたが、肝心の宮島天皇がいない。あわてて探したら、新宿で一杯飲んでるらしい。

おれ達は腹が立って、代わる代わる電話口で、「すぐに現場に駆けつけてくれ。７００馬力の扇風機もスタンバイし、スモッグも火をつけて燃やしはじめている。急がないと日が暮れてしまう」と怒鳴りあった。

さすがに天皇も悪かったと思ったのか、特急で駆けつけた。あたふたと自動車に乗り込み慌てて現場へとんでいった。そしてこの時ばかりは大急ぎで、必死にカメラを回し続けた。仲代と丹波が真剣を使っているので、あたりには一層の緊張感がたちこめた。

だが、この時の撮影以外は、終始一貫、彼は宮島天皇で通した。

俳優について

俳優もかなり癖があって変わっていた。

津雲半四郎役の仲代達矢も、物語の主人公になりきってしまっているのか、撮影所の中を、黙々と歩きまわり、誰ともあまり話もしない。しかし、声の響きといい所作といい、やはり主役を張るだけの役者であると思われた。

若いのに初老の役を自然にこなしている。

おれと同じぐらいの歳だろうが、何だか気持ちが悪い。

もう一人の三國連太郎は、井伊家の家老斎藤勘解由の役をこなしているのだが、この人は自己顕示欲の塊みたいな演技をする人だった。

たとえば、最後の場面で顔を白塗りにして井伊家家老の不気味さを出したいと監督に食い下がったが、やりすぎということで却下された。

それでも白扇をぱちっと鳴らす間合いとか、頬をぴくぴくさせる瞬間とか、細かいところに自分の芸の深さを表現する。

これは、別な作品の時だが、セットでリハーサルをしていた時、彼がしきりに足の毛ずねのあたりをぴしゃっと叩くので、だれかが「連ちゃん、何してるの」と聞くと、季節のリアル感を出すため蚊を追い払っているのだと言う。

これも余計な演技だということで、スタッフの間で笑い話になったが、やはり名優の一人だと言えよう。

また、配役で困ったのが、多くの斬られ役をどう揃えるか、ということだった。

専属の大部屋から使えるのは2、3人しかいないというので、あちこちを探し回った挙げ句、京都には毛利菊江さんがやってる「くるみ座」という俳優集団があるという。

そこで、竹本幸之祐マネージャーと交渉して、団員の中からめぼしい俳優を連れてきてもらい、毎日監督の前で立ち回りの腕前を検分してもらう。

しかしなかなか決まらない。最後にマネージャーの竹本が団員たちに、殺陣をやってみせていたら、監督が竹本マネージャーに、「お前が一番いいから、お前が中心になって20人ほど揃えてくれ」ということになった。

出来上がったラッシュを見たら、なるほど竹本幸之祐が一番腰が据わっている。他の俳優に比べて槍を持って構える位置がいささか低めになっているからだろうと思われる。してみると、監督は役者の顔を見ないで腰の座り具合を見ていたということになる。

そのほか、中谷一郎、小林昭二、青木義朗とか中堅所の役者は、細谷プロと小林監督が東京で決めてきていたが、その選び方も、確実な演技力をもっている人間を厳選している。そしてそれらがみごとに自分の役を演じきっていた。斬られ役から主役に至るまで、こうして手間暇かけながら粘り強く配役することが、作品の質を高める大切な条件だということがよく分かった。

しかし一方で、長期間のスケジュール拘束で、制作部で俳優の「縫い」（スケジュール調整）をやる小田ちゃんは、毎日甲高い声で悲鳴をあげていた。

どこかがよければどこかで泣きをみる。それも映画界の宿命である。

武満徹と音楽

ある日、企画室へ戻ってくると、細谷プロが誰か不思議な人と話している。「武満徹さんだよ」と言って紹介してくれた。

武満徹という人の名前は知っていたが、映画音楽はまだ聴いたことがなかった。

「あの人は天才だよ」と細谷さんが前に言っていたので、どんな人かと思ったら、なんだかひょろっとしたキノコのような、変わった感じの人だった。

細谷プロが、「どうしてああいう君の音楽が生まれてくるのかね」と聞いているので、そばでおれも聞いていたがよく分からなかった。たとえば、こんなことを言う。

「ぼくの音楽があるのではなく、音楽のようなぼくがそこにいれば、それでいいのです」と不思議なことを言う。

「ぼくは発音する音楽をつくりたいのです。どんな石にも樹にも波にも草にも発音させたいのです、ぼくはそれを耳を澄まして聞きたいだけなのです」

それはよくわかるような気がしたが、おれは音楽には弱いので、それ以上のことは分からなかった。

武満氏もぽつぽつと言葉も少ないので、そこには、一陣の不思議な風がまいあがったような気がしただけだった。

しかし、ダビングの時、うち鳴らされる激しい竹のぶつかったような音と、尺八のすりきれる音が画面の中へ鋭く食い込んでゆく。「待っていました」という勘所で、こちらが期待していたような音が絡まり合って、一つの切腹という交響楽になっている。

なるほど、この人はやはり天才なんだろうなあと感心するばかりだ。

『切腹』の制作場面は常にピーンとはりつめた空気がたちこめていた。照明も、録音も、美術、大道具、小道具も一体となったチームワークの雰囲気が満ちていた。

なるほどこれが俗にいう、小津安二郎組とか、木下恵介組などといわれる映画界独得の制作集団なんだなということをひしひしと感じさせられた。

そして、総合芸術としての映画において、それぞれが自分の最高の技術を駆使して、黙々と働いている姿は、まさに映画屋渡世と呼ぶにふさわしい仕事場に思われた。

完成した後で

最後のオールラッシュを見て、宮島天皇が一言、「いいじゃないの」と腹から絞り出すように言った。天皇にとっても、よほど手応えを感じた作品に仕上がったのであろう。

この映画は、西郷輝彦の歌番組との２本立てで封切られたが、興行的にも当たった。

それだけでなく、カンヌ映画祭に出品されて、審査員特別賞とかいうものをもらうことになった。

その知らせを、おれたちは、撮影所の近くの飲み屋のテレビで知った。

千々岩求女役の石濱朗が、竹光で最後の一刺しすると、腹が破れ、もの凄い量の血しぶきが吹き上がる。映倫で大幅にカットされたらしいが、それでも、カンヌの会場でそのシーンを見た女性の観客が、気を失って倒れたということだった。

そして、テレビの画面には、あの小林正樹監督が、羽織袴姿で悠々と登場し、おもむろに何とか賞を受けとったのである。

それはそれで結構なことであった。だが、その時傍で一緒に酒を飲んでいた大道具の忠やんがいきなり大声をあげて、「いい格好しやがって」と叫んだのである。突然だったので驚いたが、おれも彼の気持ちがよく分かるような気がした。

実は、あの大量の血しぶきを、どっと吹きあげるためには、裏方、忠やんの並々ならぬ努力があったのである。

つまり、石濱朗の持つ竹光の手のあたりから、細いチューブが着物の中を通って地面の土の中に埋められ、20メートルぐらい離れたスタジオの物陰まで伸ばされている。そしてその先は自転車の空気ポンプにつながっている。空気ポンプの中には、墨が一杯入っている。白黒の映画だから血は墨でよかった。

向こうで小林監督が、大声で「よーい」と叫んだ。もしこれが失敗したら、あの凝り性の監督のことだから、これから、何日も繰り返し同じことをやらされるにちがいない、そういう怖れが、忠やんにあることはよく分かっていた。こちらも彼と同じ思いだった。

遠くで「はいっ」というカチンコの音が聞こえ、合図の旗が振り下ろされた。間髪を入れず、おれは「今だ！　押せっ、忠やん！」と叫ぶ。

と同時に、忠やんは渾身の力をこめて一挙にポンプを押した。墨の血が白い庭の砂にぱーっと広がった。

しばらくなんとも言えぬ沈黙の時が流れた。「駄目かな」と思ったら、やがて喜びを押し殺すように低い声で、「オッケー」という監督の声が聞こえた。

「ばかやろう、もっと大きな声で言え！」などとつぶやきながらも、一発で大物をしとめた時のように忠やんがこちらを見てニヤリと笑った。こちらもそこに座りこんでほっと息を吐いた。

思い返せば、あのシーンこそ、この作品の最も重要なワンカットであり、それこそが裏方忠やんの誇りをかけた必死の瞬間だった。

しかし、いま、撮影所のやや斜め前にあるホルモン屋で、酒を飲みながら、カンヌ映画祭の受賞シーンをみている我々2人の思いは複雑だった。片やテレビの中で、颯爽と、小林監督は審査員特別賞を受けて、世界の脚光を浴びている。それに反して、あの竹光での切腹のワンカットに自分の誇りをかけた空気ポンプ役の忠やんは、侘しくホルモンで安酒を飲んでいる。

丹波と仲代の御殿場決闘シーンで、700馬力の大扇風機の前に寝転がって、スモークを何本も焚きつづけたのは忠やんであった。ズックの袋を腰にぶら下げ、金槌で釘をうち、雑巾で毎日セットを拭き続けた忠やんにとって、悲哀と誇りのいりまじった複雑な思いが、こみあげてきたのであろう。

だれも認めてくれない空気ポンプの圧力、ポンプの先にいる人間の思い。そして、あの奇妙な叫び声は、その後、松竹を辞めるまでの間、いろいろな形でこの体につきまとって離れなかった。

「一将功成りて万骨枯る」、帷子の辻のホルモン屋のすぐ傍には、嵐電が侘しい音をたてて走っていた。ホルモンを吐くほど食い、2人とも伸びてしまったが、それでも不思議な満足感が心に残った。

その後、小林監督とは一度も会うことはなかった。『怪談』(64)、『上意討ち―拝領妻始末―』(67)、『いのちぼうにふろう』(71)などの作品を作ったが、『切腹』の方がよいと思った。

その後、独立した岸本吟一プロが、小林監督と組んで、井上靖原作の『化石』(75)や『食卓のない家』(85)などを作っていたが、作品は見ていない。

それよりも晩年の小林正樹氏はあまり恵まれていなかったようである。

人づてに聞いたことによれば、晩年に小林さんが長年暖め、脚本まで書きあげていた『敦煌』(88)という作品を、東映の佐藤純彌という監督にとられてしまうという出来事があったらしい。

そうなった事情の背後には、徳間書店という強力なスポンサーがいて、小林正樹の妥協しない演出のやりかたに恐れをなし、佐藤純彌にやらせたということがあったのであろう。

小林監督は、連日「悔しい」と血のような涙を流して、やがて死んだという。

おれにとっても、その無念の思いは察するにあまりあるものがある。

だが、おれには、この小林監督の無念は分かっても、いったん、製作資金と配給網を奪われると、監督が、羽をもがれたカブトムシのように、手も足も出ないでもがきまわるということが残念である。それは全ての巨匠、名匠と呼ばれた人たちの晩年を見ればよく分かることである。

その意味において、監督とは、それを乗り越えてこそ監督であるということになるが、新藤兼人さんなどは、それを乗り越えた人であろうと思う。

第4章　『ちんじゃらじゃら物語』で一本立ち

製作助手から製作補へ

岸本プロは、振るわぬ興行成績や疲れなどが重なって時々、激しい胃痛に襲われるようになっていた。彼は、コーヒーが好きだから普段の朝は、近くの喫茶店でいろいろ相談する。もっぱら次の作品のことだ。

「斎藤君、『棺桶丸の船長』という企画があるんだが、どうだろうかなあ」などと楽しそうに話をしている間はいいが、終わると急に胸をかかえて激しい痛みに耐える表情をする。

「どうしたのですか？」と聞くと、「実は胃潰瘍だと言われているのだが、切った方がよいかね？」と聞いてくるので、「今は胃潰瘍の手術も大分進歩したというから、思い切って手術したらいいんじゃないですか」などと無責任に返事をしていたら、再び激痛に襲われて家へ帰り、その夜、入院して翌日手術することになった。確か、下鴨あたりの有名な胃腸病院であった。

2、3日して見舞いに行ったら、「思ったより苦しい手術だったなあ」とげっそり痩せてうめいた。安易に手術をすすめてまずかったかなと思ったが、その後92歳ごろまで生きたから、切っておいてよかったのかもしれない、

それにしても血を吐くまで頑張るというあの根性は、芯から映画好きな人間だ。見習うべきだなあと思ったが、おれにはとてもやる自信はない。

ある日、所長室によばれて「製作助手」から、「製作補」に格上げになったと告げられ一片の証書のようなものが手渡された。

「補」という、たった一文字だがこれがつけば独り立ちで作品を担当することになる。

聞くところによると俺と同僚の杉崎君が、一歩早く「補」に昇格したので、斎藤も「補」にしてやるべきだ、と岸本プロが所長にかけあってくれたらしい。あとで一言、「ありがとうございました」と岸本プロにお礼を言っておいた。

そのころ大阪支社の白井昌夫重役が撮影所長として乗り込んできていた。

そうだ、あの上等のウナギ弁当を、上目づかいでがつがつ食べながら、撮影所に送り込んでくれた人物である。その戦車のような体躯をした白井専務に呼ばれて所長室へ行くと、「斎藤君か、大分慣れたか」というので「お陰様で」と答えたら、「実は急なことだが、君に正月映画をやってもらいたい。僕の補佐という立場だが、詳しいことはここにいる青木君とよく話し合ってくれ」と、またまた忙しそうに、言いっ放しでどこかへ姿を消してしまった。

俳優とは

青木という人は、伴淳のマネージャーで、ハンサムな物静かな話し方をする人だったが左手に大きな傷があった。以前暴力団の抗争にまきこまれ、刀をよけようとした時ついたものだというが詳

『ちんじゃらじゃら物語』〔監督：堀内真直、1962 年、写真提供 / 松竹㈱〕**伴淳三郎（右）とフランキー堺**

しいことは分からなかった。

それにしても白井所長も、初めて一本立ちになったおれに、いきなり大事な正月映画をやれというのも少々無茶ではないかとためらったが、若くして松竹の重役をやった人間だから、そんなことなど全く気にしていないようだ。

早速、青木氏と相談に入ったが、作品は『ちんじゃらじゃら物語』(62) というパチンコの話で、伴淳の釘師《くぎし》と、パチンコ店荒しのパチプロ・フランキー堺の対決物語のようだ。「ようだ」とは無責任な言い方だが、大体の話はもう決まった上でおりてきていたからである。それに、もう青島幸男の作詞した主題歌もできているという。

「〽ちんじゃら　ちんじゃら　ちんじゃらほいほい　はじけば天国ちんじゃらほい　球が廻

れば目も廻る　すっぽり入ったこの気持ち」というような歌である。

青島幸男という作詞家もいい加減な歌を作る人だなあと思ったが、その後数十年して東京都知事になるとは思わなかった。そのころ、映画界は最後の絶頂期を迎えつつあり、東宝の社長シリーズや、植木等の『スーダラ節』などが当たりに当たっていた時だった。伴淳もその社長シリーズなどに出演していた関係上、つきあいで東宝の喜劇役者がこの作品に友情出演してくれることになっているという。

「誰が出てくれるんですか？」と聞くと、三木のり平、フランキー堺、有島一郎などだという。興行成績の面からみれば、豪華キャストでありがたいことだが、これは制作現場での扱いが難しいぞと思った。俳優の中でも特に気むずかしく、扱いにくいのが喜劇役者だからである。

独断と偏見に満ちた経験から言うと、一番気むずかしいのが喜劇役者、それから鼻もちならないのが二枚目と主演女優、そして一番人間的に話し合えるのが、悪役をやる役者だ。この鉄則は退社するまで概ね変わらなかったようだ。

「俳優という字は分析すれば、人に非ずして、人に憂いをもたらす」と言った人があるとOプロから聞いたが、なるほどと思う。もちろん立派な俳優はたくさんいるが、この言葉も俳優の一面を鋭く捉えている。

実は、そういうおれも、プロデューサーという立場でありながら、基本的には俳優が嫌いだった。

彼らは、あえて言えば、例外なく自己顕示欲の塊であり、半面、自己顕示欲が強いほど良い俳優だと言われる場合もまた多いのである。

加えて、おれは、女優などより、普通の会社に勤めている女の子の方が、ずっとよいと思っているので、始めから、プロデューサーをやる資格などなかったのかもしれない。

伴淳なども、当時、殺人的スケジュールに追われたためもあってか、いつも企画室へ来て、額に青筋をたてながら大声でスケジュールを何とかしてくれと怒鳴っていることが多かった。こんなにしょっちゅう怒っていたのでは身がもたないだろうにと思ったが、さすがは喜劇役者、スケジュールを「スケジュース」などとはぐらかしながら怒鳴っていた。

その伴淳のほかに、三木のり平、フランキー堺、有島一郎とくれば、友情出演というのが曲者で、配役がみな平等で、しかも際だつ役になっていないと、必ず文句が出てきてしまう。何とか不平が出ないようにしなければならない。

そう考えていたら、心配したほどでもなく、適当に3人の出番を際立たせるようなストーリーになっていている。台本をみると、原案・小野田勇と書いてある。小野田勇という名前は初めてだったが、こういうドラマを作り出すにはかなりのたうちまわるほどの年季がいるはずだ。その小野田勇を選んだのが伴淳だとすれば、彼もまた喜劇役者の裏表をよく知っているプロデューサーであると言わざるをえない。

釘師とパチプロの対決

『ちんじゃらじゃら物語』のあらすじは、大体次のようになっている。

釘師の山田太助（伴淳）というパチンコの元祖がいて、機械を扱わせては日本一だが、底抜けの人の良さが禍して女房（月丘夢路）には逃げられ、今は名古屋駅裏の「大穴」というパチンコ屋に、娘マリ子（島かおり）と暮らしている。

だが、ややこしいことに、釘師・山田太助には、山田太郎（千秋実）という人物が絡んでくる。両者はほとんど同姓同名であるが、「太助」と「太郎」は一字違いでややこしいのに、この２人は戦争中フィリピンで一緒の軍隊にいた戦友であり、兄弟のようにつきあっている、という設定になっている。

伴淳と千秋では顔も形も違うから、画面に映ればわかるのだが、台本ではごっちゃになってしまう。区別するために台本を赤と青の色鉛筆で囲んだら分かりやすくなったが、なんだかどうにでもなる話だ。

ともかく、パチンコの話だから、映画の舞台はやはり名古屋ということになる。すでに、青木氏からパチンコ業界のボスにも話が通っていて、最新のパチンコ台が山ほど撮影所に送られてくる。名古屋のボスは、全国パチンコ組合の会長も務めているらしく、絶好の宣伝機会と思ったにちがいない。

しかし、このボスとは後で一触即発の危険な出来事があった。

作品の運びは、さすがに老獪な喜劇作者、小野田勇らしく、活動屋のサービス精神に溢れた物語だった。

この作品は正月映画だから、賑やかで面白いストーリーでなければならない。そのためには、まずトップシーンで観客の度肝を抜くことが必要だ。それには、大物役者をいきなり登場させるのが一番手っ取り早いということになり、そのために登場させたのが、パチンコの景品を受けとるお客、藤山寛美だった。

寛美はそのころ松竹新喜劇のナンバーワンである。まず、これでお客に何だか面白そうな映画だなと思わせる。それだけではなくもうひとつパンチを効かせるためには、寛美の受けとる景品にも工夫が必要だ。そこで景品は女性用パンティーということになる。

寛美が、その景品を、美女の店員（島かおり・伴淳の娘）にプレゼントしようと、彼女のアパートまでつけて行き、差し出すところを、たまたま父親の太助が見て、ビックリし、腰を抜かしてアパートの階段を踏み外す。

これだけ最初に強烈なパンチを繰り出せば大丈夫だろうと最初から観客を手玉に取ろうという魂胆が丸見えだ。だが、融通無碍の演出を誇る堀内真直監督の手にかかれば、観客もその罠にわざとはまって、一緒に喜ぶというわけである。

そんなある日、太助の店へ背中に赤ん坊を背負い、さらにもう一人の子どもを連れた貧相な男（三木のり平）が入ってきて、じゃんじゃん玉を出し始める。

しかし、よく見ると、手袋をした左手を盛んにガラス面に押し当てているので、手袋の中に磁石を仕込んであるのではないか、これは怪しいと思った店員（玉川良一）がその男を問いつめる。

すると男はよよとばかりに泣き出して、実は妻に逃げられ、この子どもたちを路頭に迷わすわけにはいかないと泣きすがるので、自分も妻に逃げられた太助はつい同情して、わざと釘を甘くした台を教え、大量の景品を男に持たせてやる。ところが、あとでその男が「エレキの哲」という泣き落としのプロだったことを知り、太助は自分の甘さを後悔する。

この辺になると、小野田勇がのり平の座付きライターでもあるらしく、さすがに三木のり平の芝居も、よよと泣きながらも鋭く冴え渡ってくる。やっぱり喜劇役者として名をなすためには、人生のどうにもならない裏側で辛酸をなめ尽くし、例えば、ねじれ曲がっても美しい盆栽のように、その芸も深くなければならないようだ。

ともかく、ここで三木のり平という東宝借用の大物役者の出番を際立たせるようにシナリオが作ってあることが分かる。

最後に辻褄が合えばよし

こんなふうに話は進んでゆくのだが、やはり正月映画にするためには、ストーリーには飽きさせないためにたくさんの山場を作らねばならない。一方、シナリオを最後まで転がしてゆくためには、まず大きな幹となるものを設定してかからねばならない。

そこで、小野田勇は、シナリオの骨子として、雑然とした名古屋駅裏を再開発して儲けようとする黒田（須賀不二男）を登場させてくる。そのため、黒田は太助の戦友である山田太郎を市長に立候補させせる。黒田の狙いは駅裏の再開発で大儲けをすることだが、その公約が駅裏整理であるから、駅裏で店を営む太助たちは大反対運動を展開することになる。

ここで再開発をめぐって太助側と太郎側の2つに大きな対立の構造を設定し、そこを中心に話を転がしてゆくつもりだな、という小野田のテクニックが見えてくる。

そこで両者が解決の手段として、なんとパチンコで勝負で決めようということになった。喜劇とは言え、どこまでもあざとく見せ場をつくるものだ。

黒田側としては、これまで何十軒ものパチンコ屋を潰してきた凄腕のパチプロ「なだれのサブ」（フランキー堺）を雇い、伴淳の釘師と壮烈な一騎打ちをすることになった。

この一騎打ちこそが正月映画の命運を決する場面である。釘師とパチプロの壮絶な決闘は延々と続くが両者一歩も譲らない、最後に辛うじて釘師が勝つ。

こういうストーリーだから前後脈絡もなく撮影が進められていったが、どこから始めたって、最後に辻褄が合えばそれで十分だという演出の方法もあるんだなあと、感心させられる。

セットを覗いてみると、チンジャラジャラという音がひびきわたり、初日からいきなり山場を迎えていた。

パチンコ屋荒しのパチプロ「なだれのサブ」、それを防ごうとして、台の裏側で必死に活躍する釘師、太助との死闘が繰り広げられるところから始まった。

「死闘」と言ってもなんということはない。伴淳がペンチで釘を曲げたり伸ばしたりして、チューリップに球が入らないように細工するだけの駆け引きである。

しかし、驚いたことに、クライマックスになると、突然その場面が西部劇の決闘シーンに変わり、ついには伴淳とフランキーがピストルを持って撃ち合うという案配になる。なんとこれは、シュールリアリズムもいいところだ。斎藤寅次郎監督のドタバタ喜劇ばりだなあなどと思ってみていると、それだけではなく、突然何かの拍子で三木のり平（エレキの哲）が登場して、「まあまあこの辺で、〝渡辺のジュースの素〟でも飲んで一休みしたらどうですかね」などというシーンの撮影が始まったのである。おれはあっと驚いた。

実は、制作経理から頼まれて、「渡辺のジュースの素」をパチンコ景品のひとつとして、どこかに飾ってくれれば、タイアップ料が出るので製作費が助かるのだがと泣きつかれていた。それで監督に「できれば……」と頼んだことがあったのである。

忘れていたのだが、さすがは商売人だ、うまいところで入れるものだなーと、思わず感心したのである。それが融通無碍なこの監督のひとつの特色なのであろう。この件で撮影終了後、タイアップの金銭的な配分のことで、監督といざこざがあったが、馬鹿馬鹿しいので書くこともあるまい。

伴淳の怒りの演技

撮影はなんとなく順調に進んでいった。正月だから、賑やかな場面のオンパレードの方がよいだろうなどと、いい加減な調子で日々過ぎてゆく。だが、伴淳とフランキーの対決で一つの大山が終わったのだから、それ以上の大山がでてこなければならない。小野田シナリオは、ここをどうするのかなと思ったら、やはり、そこにもう一山作られてあった。

というのは、市長候補に祭り上げられた山田太郎には、戦時中、フィリピンの現地でつきあっていた女、パピーナとの間にできたパブロという青年（芦屋小雁）がいて、近く、父を訪ねて来日してくるという。

そういうエピソードを、小野田勇は涼しい顔ででっちあげてきている。こういう大山を作るのはわりと難しいもので、話は跳ぶが、驚いたことがあったのは、『伝七捕物帖』の時だった。シナリオの運びがどうにもならないところにぶつかってしまった。その時、担当の吉村プロが、こういう場合は、そこにある木の上に爆薬が仕掛けてあったことにし、突然爆発したことにすれば、話が進むじゃないかと片づけたことがあった。あざといが、このパブロの登場も同じテクニックだなと思った。

しかし、隠し子のパブロのことがばれたのでは太郎の当選はおぼつかない。

弱った太郎が駅裏整理を撤回する代わりに、パブロを太助の子供ということにしてくれと頼む。撤回を条件にいったんはそれを承知した太助だったが、太郎が、黒田に脅かされて、再び駅前整理を公約したので、約束が違うと怒った太助が、テレビスタジオに乗り込み、パブロが太助の子どもではなく、太郎の子どもであることをバラしてしまう。

黒田の企みは、ここで木っ端微塵に吹き飛んでしまう。この辺はいつも青筋をたてて殺人スケジュールと戦っている伴淳なので、まるで頭から湯気が立つような迫真力がある。

『伴淳・森繁の糞尿譚』（57・野村芳太郎）でも怒り狂って肥だめから糞尿をまきちらすシーンがあったが、怒る時の演技は見応えあるなあと変なところで感心させられる。

だが、ここで「めでたし」となればいいのだが、まだ、正月作品の派手さが足りない。なんとかもう一つ最後の大山が必要だということになる。そこは詐話師、小野田勇。ちょうどその頃、轟モーターの社長（有島一郎）が主宰するバイクの日本選手権レースの開催が迫っていた。

そして、出場する予定だったレーサーの立花が突然事故で出られなくなってしまう、という突然の爆薬の破裂にも似た事件を設定する。

ここで轟モーターの運命は風前の灯となる。ところが、ここで話は急展開する。なぜなら、パブロがフィリピンでは有名なレーサーだったというのである。この辺へくると、わざとらしいが、どうでもいいや、こちらも走れ！パブロということになる。

そこで、パブロが、急遽倒れた立花の代役として登場し、優勝してしまう。それによって、つぶれかけた轟モーターを救うことができた。ここで、社長のとりなしで、太助と妻、娘も元の鞘に収まり、めでたしとなる。

始めから終わりまで、山また山のオンパレードだったが、鈴鹿サーキットロケーションの、耳をつんざくような大爆音は、やがてやってくる映画界の最後の花火のように無鉄砲で、華やかな場面を作りだしていた。

名古屋名妓連とパチンコ組合会長

だが、山また山の山だらけ映画の撮影は、まだ終わっていなかった。鈴鹿サーキットに続くもう一つの賑やかな大山は、名古屋の名妓連の踊りの撮影であった。このシーンもどういう必然性があって挿入されなければならないのかよく分からないが、ともかく大ホールを一杯に飾り立てて、数十人のあまり若くない芸者たちが華やかに舞い踊るのである。その中心に踊っているのが、太助の別れた妻である。

名古屋名妓連の踊り手たちは、髪を二百三高地のように高く結い上げ、相撲の名古屋場所によくテレビの画面に映る粋筋の女のような格好ばかりだ。その二百三高地連はこちらの疑問などお構いなしに、のびのびと踊りまくった。

聞くと、名妓連の出演は、この映画の前売り券を大量に買ってくれた名鉄の偉い人のたっての要請であり、ストーリーのつながりを工夫して、なんとしてでも入れてくれとロケマネが堀内監督に頼んでいる。

やるなら、徹底的にやるかなどと、調子に乗った監督とスタッフが、二百三高地を追い立てながら景気良くやったら、あとで、スポンサーである名鉄の偉い人が非常に喜んでいたと聞いた。おそらく日頃贔屓にしている、名妓（？）たちに大いに顔が立ったのであろう。

それにしても、毎日号外のようにストーリーを変えながらさっさと進む能力は抜群だなあと、変なところで感心せざるをえない。一行もシナリオを変えようとしないあの小林正樹監督とは全く正反対だった。

だが、封切り寸前に危うく怖い事件に巻き込まれるところだった。

というのは、あの名妓連の偉い人のためには、事前に試写会をやって喜ばれていたのだが、山ほどパチンコの機械を送ってくれたあのパチンコ業界のボスを試写会に招かなかったというので大変怒っているという。

「それは大変だ」こちらのミスだからなんとか謝らなければならない。このことを聞きつけた同僚が「斎藤、それはヤバいぞ」と言う。

彼の言うには、パチンコ業界は暴力団との関係が深い。また、この業界は、有名な政治家の隠れた資金源だということは誰もが知っていることだ。「一歩間違えば正月の封切りが危ないことになりかねないぞ」と脅かす。

確かにパチンコ業界の売上規模は巨大なものだと聞いたことがある。暗黒街とのつながりも聞いたことがある。これはおれ一人では片づかないかもしれないと思ったので、伴淳の青木マネージャーに相談しようとしたが、東京にいて連絡がとれない。

白井昌夫所長に事情を話したら、「そんなことぐらい、お前が解決せいや」と言って、とりつくしまがない。仕方なく京都名物の「いづうの鯖寿司」などを携えてボスの大邸宅を訪れた。

どういう口実でごまかそうかと考えたが、良い考えが浮かばない。ようやく度胸を決め、なんとかなるだろうと、玄関から座敷に上がって挨拶していたら、思わず口が勝手にしゃべっていた。ともかく、素人にはわからないような撮影所のことをたくさん並べたてれば、なんとかなるかもしれないと思ったのである。

「実はクランクアップが遅れて、しかもフィルムが〔0号〕でいろいろな直しが出たため〔初号〕が大幅に遅れてしまい、先日は出来立てほやほやの1本だけしかありませんでした。もう1本至急作らせていたものですから、ついつい遅れてしまって申し訳ありません」とか何とか辻褄の合わない嘘八百で、いろいろ言い訳してみた。

『ちんじゃらじゃら物語』の時。武縄源太郎・チーフ助監督と筆者（右）

ボスはしばらく黙っておれの顔をじっと見つめていたが、ニヤリと笑って、「それなら明日やってくれますか?」と言うので、「はい、必ずやらせてもらいます」と慌てて答えた。静かなボスほど怖いものはない。早々に撮影所に帰り、封切りの前日ぎりぎりに試写会をやってなんとか事なきを得た。もし、こじれていたら、思わぬ大物政治家か、北朝鮮のさる筋?から、何らかの注意を促されていたかもしれない。

ようやく作品が出来上がり、正月第1週に封切られたが、これが大いに当たった。

前にいた大阪支社の岡本さんが、「製作補」というおれのタイトルを見て、「おめでとう。一本立ちになれましたね」と電話をくれた。嬉しかった。

『ちんじゃらじゃら物語』公開当時の新聞広告

だが、写真（映画）が当たったからといっても、別に会社からお褒めの言葉はなかった。

多分あれは、伴淳の企画で、それを東宝に掛け合って役者を揃えたマネージャーの青木氏のお陰で成功したのだと会社は思ったのであろう。

たしかに、それはそうだった。だが、それよりも、よちよち歩きのおれとしては、なんとか無事に正月映画の役割を果たせてよかったと内心胸をなでおろした。

この『ちんじゃらじゃら物語』が一本立ちしたおれの最初の担当作品となった。

第5章　大僧正と『河内の風より　あばれ太鼓』

原作者と映画化のこと

話のついでに、原作者と映画化のことを話すことにする。

ある日、小説雑誌で映画のネタになるものを探していたら、『河内の風』という作品が載っていた。今東光の作品である。内容は河内の風吉という博打打ちの話だが、冒頭に載っている文章がなぜかおれの心を強くとらえた。

「わが子は二十《はたち》になりぬらむ　博奕してこそ歩《あり》くなれ　国々の博党《ばくとう》に　さすがに子なれば憎《に》く愛《かな》し　負《まか》いたまふな　王子の住吉西の宮」という、『梁塵秘抄』にある一文だ。

「わが子はもう20歳になったのだろうか。博打を打ってあちこち放浪しているそうだが、親子となれば、やっぱり憎いけれども、かなしいものよ。国々の博徒たちに負かされないようにと、ひたすら王子・住吉・西宮に祈り奉ります」

というような意味であろう。この一文に惹かれて企画書を書いて提出したら、どこかで木下恵介監督が読んだらしく推薦してくれたということで映画化されることになった。

だがそのあとがよくなかった。『河内の風』では映画の題名としては弱い。『あばれ太鼓』にしろ」と製作本部長が言う。そのころ、あの上目づかいのウナギ専務が、製作本部長を兼務していたから、どうも逆らえない。

そこで、河内にある今東光さんの自宅へ赴いた。玄関に脱いである蒲鉾型の下駄には青森のねぶた祭の武者絵が書いてあって、そいつがこちらを睨んでいる。

原作を頂戴することに、今さんも異存はなかったのだが、「題名を『あばれ太鼓』にしたい」と言ったら、突然怒りだして、「河内音頭の鉄砲光三郎《みつさぶろう》じゃあるまいし、そんな下品な題名に変えるならこの作品は渡せない」と言う。「ちょうど日活からもらいにきているから、そちらへやる」と言う。

それ以上頼んでも承知しそうもないので、いったん東京へ引き返し、本部長にその旨を話したら、営業部の方が『あばれ太鼓』でなければ売れないから、『河内の風』では駄目だと言っている。もう一度行ってきてくれ」と言う。

仕方なく次の朝早く大阪へ行き、八尾の自宅へ行って頼んだがやはりうんと言ってくれない。しまいに「おれが直接、城戸社長に電話しようか」と言う。

「先生、それじゃ、私が会社から叱られるばかりなので、勘弁してくださいよ」と言ったが駄目だった。

「やはり駄目でした」と会社へ電話を入れると、ウナギ本部長が「それじゃ、大阪支社のよっさんと一緒に行け」と言う。よっさんというのは、吉田という古くから松竹にいる人で文芸部に所属しているという。早速電話して、八尾まできてもらいもう一度、武者人形の下駄が睨みつけている今邸へ赴くことになった。

　やはりよっさんはベテランだった。「ともかくあがれ」と今さんに言われて２人は座敷にあがった。途中の廊下にはぎっしりと仏書が並んでおり、背表紙がどれもこれも金色に光っている。何の教典か分からないが、この膨大な教典を読んだ人だとすれば、たいした坊さんなんだなあと畏怖を覚えた。

　「まあ一杯飲め」と、今さんもよっさんが来たのでは断れないと観念したのか、俄《にわか》にうち解けてきた。そこへ大きな薬缶にこぼれるほどの酒を持って〃こつまなんきん〃（小柄でぽっちゃりとした女性）のような奥さんが現れて、「さあ、さあ」と注いでくれる。

　おれも覚悟を決めて飲んだ。すると今東光大僧正が仰るには、「斎藤君、おまえは、今日から、おれの身内だ。これからも付き合いがあるだろうから、どんどん飲め」。大僧正も大分酔っぱらってきた。

　「ちょっと来てみろ」と、大僧正が言うので寝室へ行ったら、ベッドに横たわり、長い脇差のようなものを抱いて「河内の馬鹿野郎どもがやってきたら、あいつらをこの刀でぶった斬ってやるん

大阪支社の吉田さんと今東光邸へ。後ろにいるのが筆者

だ」と言う。

何のことか分からないが、そのころ「河内もの」の小説をたくさん書いて、柄の悪い人間ばかり登場させるので、河内の評判が悪くなると文句を言ってくる人間がいるらしい。

「そんな奴は容赦なく叩き斬ってやるんだ」などと物騒なことを言って呵々と笑う。この坊さん、偉い人なのか、乱暴者なのか、さっぱり分からないなあなどと思いながら遅くまで飲んで、最終電車でやっと東京へ帰り着いた。

題名も『河内の風より　あばれ太鼓』に落ち着き、今さんの原作『こつまなんきん』を作った酒井辰雄監督でやったが、監督が外国ロケに行ったことがないらしく、香港ロケにばかりこだわって、筋が乱れ、話にならない作品になってしまった。

それはそれで仕方がない。みんないい作品になるとは限らないのが映画づくりの現実であるが、いい原作だったのでもったいないことだ。お金をドブに捨てているようなものだ。

大僧正と妖艶な美女

その数年後、今東光大僧正に再び巡りあうことになった。今度は『おしゃべりな真珠』(65)という作品で、これもまた、今さんの作品なので今度は、始めからあの、大阪支社のよっさんに頼んでスムーズに映画化の承諾をもらえることになった。

監督は木下門下の川頭義郎だった。だが、この作品もどこかでボタンの掛け違いがおこったらしい。どういういきさつか覚えていないが、シナリオを馬場当に書いてもらうことになった。馬場当は『復讐するは我にあり』(79・今村昌平)などという恐ろしい社会派のライターだ。

それに対して、この原作は「海の中で真珠がおしゃべりしている」ような、若い女の子たちの会話がはじける、しゃれた作品になるはずだった。

しかし、終わってみれば半開きの貝殻が、あちこちにぶつかりあうような、冴えない作品になってしまった。がっかりしたので、試写も見なかったのだが、ここでまた失敗してしまった。

作品の事前試写を、大僧正に連絡していなかったのである。大阪だから、よっさんが連絡してくれるだろうと思っていたのがまずかった。今大僧正が試写の連絡もしてこないと怒っているという。「しまった」と思ったが手遅れなので、またまた吉田よっさんにお願いしてお詫びしてもらった。よっさんは、「心配しなさんな。大僧正にはうまく話しておくから」と言ってくれた。

吉田よっさんは、もう亡くなっているかもしれないので、お礼をいう機会を失った。

3度目に大僧正に出会ったのは、それから10年ぐらいあとのことだった。

そのころ松竹を辞めて、東京の平河町にある小さな調査研究所に勤めていた。松竹を辞めたいきさつはあとで話すが、この研究所の入っているKIビルの、地下にバーがあった。ある時、そのカウンターで、あの頭がピカピカ光った今大僧正の後ろ姿に出会ったのである。

思わず、「先生、お久しぶりです」と声をかけようとしたが、ふと見ると大僧正の傍に妖艶な美女が並んで座っており、楽しそうに大僧正のビールを飲み干し、大僧正の肩にもたれかかっている。

「これは声をかけたらまずいな」と思ってその場を立ち去ったのだが、そのころ大僧正は、柄になく参議院議員などになって、「自衛隊の馬鹿野郎」とか叫んで相変わらず世間に物議をかもしていた頃だった。

ある時、どこかの編集者が、ＫＩビルの大僧正を訪ねたら、ドアが開けっ放しになっているので、覗くと大僧正が僧衣の前を広げて、一生懸命にマスターベーションにふけっていた——、こういう話を聞くと、大僧正なのかエロ坊主なのか、いまもよく分からない。

しかし、その後中尊寺の貫主になって、颯爽と紫の衣をなびかせて説教する姿は、さすがに大僧正の風格があたりに満ち溢れていた。

また、『毒舌・仏教入門』というのを読んでみたが、腹を抱えて笑わせながら、仏の救いを説いていた。たとえば、雷に打たれたとき、「助けてくれ！」と叫ぶことが仏にすがることだなどと一見無茶苦茶に聞こえるが、あとでよく考えると、なるほどそういうものかと思わせる不思議な説得力があった。

参議院議員を辞めたあと、瀬戸内寂聴さんの出家に立ち会ったりしていたが、やがてガンで亡くなられてしまった。

残念なのは、美女がいてもかまわない、あの時バーで、もう一度声をかけていればよかった。『おしゃべりな真珠』の試写のおわびもできただろうし、いろいろ教えを乞うこともできただろうが、大僧正は、間もなく『梁塵秘抄』の不思議な名文のように、御仏の許へと旅立ってしまっているので、いまさら悔やんでも、どうにもならない。

瑠璃の浄土は潔し、月の光はさやかにて、像法轉《てん》ずる末の世に、普《あまね》く照らせば底もなし

女の盛りなるは、十四五六歳廿三四とか、三十四五にし成りぬれば、紅葉の下葉に異ならず

とか何とか、あの世でも相対性理論のような説教を垂れているのだろうか。

もう一度、『梁塵秘抄』を読み直してみたが、大僧正の文学の根源はやはり、この書の中にあるように思われてならない。

第6章　『続・ニッポン珍商売』——商業映画の真髄

小さな旅館

松竹京都撮影所は太秦《うずまさ》にあり、そこから渡月橋のある嵯峨野は近かった。その嵯峨野と太秦の中間あたりにTという小さな旅館があった。俳優たちがよく泊まるところで値段も安く、夜遅くまで、酒を飲んだり、麻雀したりすることもできたので、みんなに重宝がられていた。今はどうなっているのか分からないが、当時の日記をめくっていたら、変な詩があった。

でたらめな嵯峨野

枯れた菊の枝をポキンと折ると
中に細い黄虫が冬眠している
なぜギッチョの喜劇俳優大泉ポーは
それを餌にして魚を釣るのであろうか？

旅館に泊まっていたら、朝、突然頭の上で
バリバリとガラスの破片が飛んできた

借金か何かで　チビのおかみが禿げ茶びんのじじいを
はり倒していた　加勢すると、オカミはついでに横っ面も
二つ三つはりとばして肩をゆすった

それにしてもなぜ夜になると、さっちゃんというやとなが
おれたちの寝床にもぐりこんでくるのだろう
「何をしてもよいから、アレをしちゃだめよ」
などと言って、そのくせ、高イビキをかいて寝てしまうのか

でも朝の三時に起きて、暗い夜道を仕事に出かける時
あの変な女たちが、雨戸をカラカラと開け
「行ってらっしゃい」などと無邪気に手を振る時は、
やっぱり、嵯峨野はナカセルね

紫の霧の中から夜が明けてくる
でたらめな　どこを探しても二度とお目にかかれぬ

やとな＝臨時に雇う仲居

山々が取り返しのつかない懐かしさで
広沢の池の方から明けてくる

この妙な詩の中身はあとで説明するが、『ちんじゃらじゃら物語』から数年後、映画界は急速に陰りを見せ始めていた。

東京本社の製作本部へ異動

そうしたある日、突然、京都撮影所のプロデューサーは、全員東京本社の製作本部に移れということになった。これから企画立案は全て本社の製作本部で行われ、作品に応じて、京都と大船で分けてやるという。映画界の合理化の第一波が襲いかかってきたのである。

この時、京撮のプロデューサーの半分は、退社するか、転業するか、あるいは独立していった。可哀想なのは家庭の事情で東京へゆけない現場の人たちである。

彼らは連日赤旗を振って撮影所の中をデモ行進した。その列の中で、大声を張りあげていたのが、いつも出番が少なく、陽の目を見なかった大部屋の男優たちだった。

彼らはプラカードを掲げて叫んでいた。

「松竹よ、お前達は松竹（しょうちく）じゃなくて、竹松（ちくしょう）だ」。それを見ながら、いったん状況が変われば、会社と労働者の関係はこんなふうになってしまうんだなあと辛い思いがした。映画界といえども、資本主義の論理で成り立っていることには全く変わりがない。

会社は、まず企画部を本社に移し、徐々に全体の骨抜きを図っていたようだった。経営者の勝れた能力に比べれば、映画屋の抵抗など問題ではなかったのであろう。

かくて、岸本プロも杉山プロも独立して、俳優座やテレビなどと組みながら、作品を作ることになった。

われわれはまだ独立するだけの力がなかったので、言われるままに本社の製作本部へ移った。1番目の子が4歳で、2番目は生まれたばかり。大船撮影所の前の社宅に住むことになった。おれは30過ぎた頃だった。

しかし、東京に移っても、こちらは京都撮影所の出身だから、仕事も京都へ行くことが多かった。その制作期間中は、京都へ長期出張ということになる。長期出張といっても、会社から出る滞在費が安いのでまともな旅館では足が出てしまう。そこで、撮影所から10分ぐらいで行けるT旅館を定宿にした。

ところがこの旅館は、松竹だけでなく、大映や東映の役者も気軽に泊まれるので集まってくる。だから撮影所の延長のようなもので、いつもごった返していた。

その頃、『ニッポン珍商売』(63・酒井欣也)に続く第2作として、おれは『続・ニッポン珍商売』（63）というどたばた喜劇をやるために、京都へ出張していた。同僚の沢村プロと一緒だった。そこで冒頭の詩のような事件が起こったのである。

なにせ、禿茶瓶のじじいをはり倒すぐらいの女将だから、万事やることの見当がつかない。事件のその夜、こちらが酒に酔って帰り夜中にふと目をさますと、目の前に女将が座っている。

「びっくりするなあ」と言うと、妙に色っぽい姿でしなだれかかってくる。

「なんだ、なんだ、どうしたんだ」と言うと、「今朝はありがとうね。助かったわ」などと言って帰ろうとしない。

「おれは疲れているんだ、寝かしてくれよ」と言うと、「そう、悪かったわね」などとむにゃむにゃ言いながら立ち去った。

そして次の夜、なぜか若いやとなが、おれと沢村プロの間にもぐりこんできたというわけである。つまり、よっぽどあの禿茶瓶のじじいのことで加勢したことを、恩に着ているらしく、そのお礼のつもりらしい。だが、なんの説明もない突然のことだから、2人とも慌ててどう対処したらいいか分からない。それに、やとなも2人の間に割り込んできて、「なにをしてもいいから、アレをしちゃ駄目よ」などと言ったまま、よほど疲れているのだろう、そのまま大イビキをかいて寝てしまうのだから、全くいい加減なものだ。

『続・ニッポン珍商売』という訳の分からない作品をやっているから、こういう訳の分からないことが起きてくるんだなあなどと沢村プロと話しながら、それでも5時にかけた目覚ましでガバッと起きなければならない。

渡辺邦男天皇

なにせ、監督が『明治天皇と日露大戦争』(57) という映画で、空前絶後の大当たりを記録した巨匠・渡辺邦男である。

この監督はまた、早撮りで有名な人であり、時代劇では、襖をどんどん模様替えして、全く別のシーンを撮るとか、シナリオの前後左右を粉々に切り刻んで撮影しても、筋が全く乱れないという、特技を持っていた。もっともそれを可能にしたのはスクリプターのHさんという人の完璧無比なカットメモによるものだが。

しかしこの特技のため大幅に撮影のスケジュールが短縮され、製作費が安くあがるため、会社もドル箱監督として大いに重宝していた。

作品も『紀の国屋文左衛門　荒海に挑む男一匹』のように、早撮りなのに、全体としては重厚なものになっているからである。この特技の効用はそれだけではなく、俳優にとってもありがたいものだった。

短時間の撮影で終わるため、その分、他社の仕事に、かけもちで出演することができる。それだけ儲かるわけであるから、大物俳優も喜んでどんどん出てくれるという好循環を産み出すのである。だが、一番困ったのは、何分監督が高齢で、朝早く目が覚めるので、撮影所へやってくる時間が早すぎるということだった。大体5時には、撮影所玄関の前に立っていて、颯爽とベンツでやってくる巨匠をお出迎えしなければならない。そうするとご機嫌で、巨匠はベンツで池の回りを2、3回ぐるぐる回っておどけたりする。

京都の冬は寒く、嵯峨野や太秦のあたりは、特に寒さが厳しい。それでもこの朝の儀式はやらなければならない。

2人でブルブル震えながら宿をでかけると、昨日寝床へしのびこんできたやとなと、チビの女将が、がらがらと雨戸を開けながら、「行ってらっしゃい」と無邪気な顔をして手を振っている。

「どうしようもない女どもだなあ」と言いながら、それでもこちらも手を振っているのだから世話はない。

途中の小川の傍で喜劇俳優の大泉滉（通称ポー）が、枯れ木を折って中で冬眠している黄色の虫を餌にして何か釣っている。「おはよーっす、こんなに早く何を釣っているんですかね？」と聞くと、「ええ、まあ、いろいろと」などと曖昧な返事をする。

このとぼけた俳優は、なぜか少女を口説くのが趣味で、ときどき女の子がT旅館の玄関で彼を待っているというようなことが多かった。今朝もそうしたワケアリの少女が尋ねてくる危険性があるのか、それで朝早くここへ逃げてきて魚を釣っているのかもしれないと想像された。

それにしても、京都は、祇園であろうが、先斗町であろうが、嵯峨野であろうが、男女の色恋が、もつれあってそこいらへんに溢れているように思われる。

東西喜劇役者総出演

このT旅館に泊まりながら、沢村プロと一緒にやっていた『続・ニッポン珍商売』という作品は、朝から晩までなにかと賑やかで、忙しかった。

セットを覗くと、ダイマル・ラケットの兄弟漫才が、思いつきの出鱈目なやりとりで、勝手にネタを組み立てたりするから、セットの中でもスタッフを大笑いさせている。監督も大笑いしている。シナリオも何もあったものではない。

かくて、渡辺天皇の指示に従い、その日、その日に都合のよい漫才師や落語家が次々にセットへやって来て、すぐいなくなる。

天皇は、器用にそれぞれの喜劇役者の個性にあわせたオムニバス風の物語を作り、それを強力ボンドで繋ぐようにして作品を作っていく。脚本は当時売れっ子の花登筐であったと思うが、天皇は脚本など無視して変幻自在に役者合わせのシナリオにしてしまう。しかし、いま振り返ってみると、これほど大きなスケールで自由奔放に繰り広げられた喜劇もなかったのではないだろうか？

まず、そこに登場してくる喜劇役者が賑やかであり、彼らが、それぞれの個性を発揮しながら不思議な珍商売を展開する。

思い出すままに言えば、藤田まこと、大村崑、白木みのる、伴淳三郎、長門勇、ミヤコ蝶々、芦屋雁之助・小雁、藤山寛美、益田喜頓、柳家金語楼、ダイマル・ラケット、石井均、佐々十郎、大泉滉、谷村昌彦、世志凡太などである。

古い人ばかりで、今の人はあまりよく知らないだろうが、当時の東西喜劇役者陣の総出演である。ギャラの面からみても、膨大な金額になる。これにスタッフの人件費や渡辺天皇側のギャラも加わってくる。

それだけではない、普通の役者もたくさん絡んでいる。

香山美子、三上真一郎、藤間紫、桜京美、田中春男、宇治みさ子など、思い出せないほどの役者が、渡辺天皇の写真ならといくらでも出演してくるので、そのギャラがまたまた増えてくる。

たまらないので、沢村プロと手分けして、大分値切ったが、バナナのたたき売りみたいになるので、その頃合いが難しい。しかし、こうした費用も早撮り監督の腕で、半分の期間で終わってしまうので全体としては採算が合うことになる。

いずれにせよ、これら、溢れんばかりの役者が、組んずほぐれつ、思いつきで物語を作ってゆく。だから処理する天皇も大変だ。ストーリーはよく思い出せないが、大筋の流れは簡単だったように思う。脱税を取り締まる税務署と、その目をくぐって活躍する税金を払わない珍商売群の、丁々発止の戦いだったような気がする。

奇想天外な珍商売

そしてこの珍商売の中味が、さすがに花登筺脚本だけあって、奇想天外なものばかりだ。

たとえば大御所・柳家金語楼のやる万歳屋《ばんざいや》は、めでたいことがあればその場へ駆けつけ、景気づけに、無闇に万歳をし、いささかのご祝儀をいただくという商売である。いい加減だが、それが面白い。

あるいは、恋人同士の前で喧嘩をふっかけ、わざと負けて、格好よいところを恋人に演じさせ、カップルを成立させる。その裏でこっそり報酬をいただくという「もてさせ屋」、これを藤山寛美がやったはずだ。

あるいは「あてられ屋」はわざと車に当たってかすり傷を負う。と、そこへ間髪を入れずに現れるのが「示談屋」である。これは芦屋小雁がやったと思う。かなり危険な体を張った商売だが、実際そういうことが行われていた頃だった。

その頃は、夜の街も盛りを極めていて、景気がよかった。酔っぱらいも多かった。そこに目をつけたのが「悪酔い屋」である。ネオン街で飲み過ぎて悪酔いしている人間を抱え起こして介抱し、無事に家まで送ってお金をいただく。しかし、懐中の財布などには手を付けないという鉄則がある。

その他「離婚屋」「身代わり屋」「ネタ屋」「断り屋」などが次から次へと出てくる。斎藤寅次郎のドタバタの向こうを張るつもりなのであろうか、どれもこれも、あっと驚く為五郎である。

かくて、奇想天外な珍商売は、天皇を中心にして一丸となり、必死の駆け引きが、華やかに展開された。セットに入って見ていても面白いので、時々大事な仕事を忘れてしまったりする。

しかし、いくらばらばらであろうと、ストーリーはどこかで終わりにしなければならない。どうするのかなあと見ていたら、なんと終いには、珍商売を取り締まろうとしていた若い税務署員（藤田まこと）たちが税務署を辞めて「不平小言聞きます屋」という珍商売を開業させるというオチがあって、この物語は終わりを告げた。

そんなふうだから、役者の出番によって筋があちこちとこんがらがったままだったが、にもかかわらず、『続・ニッポン珍商売』は、最後までお客を笑わせ続け、煙に巻いてしまうような作品としてできあがった。入りも悪くなかった。

それにしても、『明治天皇と日露大戦争』を撮ったり、『続・ニッポン珍商売』のようなドタバタをものともせずに仕立て上げる渡辺天皇もさすがだ。この監督のように商業映画に徹するということもまた、並々ならぬ努力がいるものだと感心させられる。

その2年後のこと、昭和40年（1965）、松竹京都撮影所が閉鎖となった。

第7章　斜陽産業への道

映画界の凋落

昭和40年（1965）といえば、第一次佐藤栄作首相が誕生した頃である。この頃から映画界は、テレビの波に押されて、大幅に製作本数が少なくなってきていた。

ちなみに、映画観客数をみると、昭和33年（1958）には、1年に11億人の観客数があったものが、5年後の昭和38年（1962）には5億人と、あっという間に半分に減ってしまった。昭和46年（1971）には、さらに2億人に落ち込んだ。つまり、1年に10回以上映画を観ていた人たちが2回に減ってしまった勘定になる。

映画界の経営者たちがテレビを評して、「あれはしょせん電気紙芝居にすぎない」などとうそぶいている間に、あっという間に映画は娯楽産業としての王座を奪われていった。特に、大船調と呼ばれるホームドラマ路線は、ほとんどの家庭にテレビが普及したことによって、大きな打撃を受けていた。

おれにはそうした映画界の凋落が、どこか太平洋戦争の末期状態に似ていると思われてならなかった。戦争末期、アメリカが圧倒的な航空機の投入によって戦艦大和や武蔵という大艦巨砲主義を壊滅させたように、映画産業の基盤（大艦巨砲主義）が情報手段の革命（圧倒的な航空機、つまりテレビ電波）によって、がけ崩れ現象を起こしていた。

日活、大映、新東宝なども苦しい経営状態に追い込まれ、松竹も不動産事業やボーリングなどの部門に力を入れるようになってきていた。

映画も次第に大作主義から、製作費の少ないBクラス作品が多くなってきていた。木下恵介監督は、こうした流れを鋭く察知したのか、舞台をTBSテレビへと移していった。多くの優秀な助監督や現場スタッフも、テレビ界や電通、博報堂、あるいは全く違う働き場へ次々に転身して行った。

小津監督も亡くなり、京都の大曽根監督も亡くなって、東西の撮影所は大きな柱を失った状態になっていた。

その中にあって、野村芳太郎監督と、山田洋次監督などが、しぶとく活動を続け、それぞれ『拝啓天皇陛下様』(63)や『馬鹿まるだし』(64)などの作品を作っていた。

木下恵介監督と木下忠司さん

大船撮影所には、小津安二郎、渋谷実、木下恵介など、巨匠と呼ばれる監督が何人かいたが、それらの監督と仕事をする機会はなかったので、現場でのことはよく知らない。

しかし、京都のプロデューサー助手時代、木下恵介の弟さんである音楽の木下忠司さんとは、つきあいがあった。ある時、忠司さんが小坂一也をイメージに『おらが行進曲(マーチ)』という企画書を書いてみてくれないかというので、ジャズ音楽のことは分からなかったが、『セロ弾きのゴーシュ』を下敷きにして企画書を作ったら、気に入ったのか忠司さんは大船の助監督の上村《かみむら》さんという人にシナリオを書かせた。

そのシナリオを、杉山企画室長に出したのだが、京都では、小坂一也を主役にするジャズ音楽より美空ひばり風の演歌映画でないと駄目だとか何とか言われて、結局お流れになった。

京都の『二等兵物語』は忠司さんのユーモラスな主題歌でシリーズ化されたが、兄の恵介さんの作品も忠司さんの音楽と切っても切れないものが多いと思う。特に『喜びも悲しみも幾年月』や『女』(48)、『破れ太鼓』(49)などは音楽が映画とみごとにマッチした作品だった。

「芸術のエッセンスは音楽にたどり着く」と誰かが言ったが、忠司さんは音楽からドラマを発想する独得の感性を持った人だった。芸術のゆきつくところは「音楽」と言われるが、やはり映画の本質は作る人間のもつ「詩心」に尽きると思う。詩心はそのまま音楽に通じる。その意味において、木下作品は兄の詩心と、弟の忠司さんの音楽とのみごとな合作のように思われてならない。

余談だが、結婚祝いで忠司さんからもらった大きな机は40年ほど親子で使っていた。

未製作の『戦場の固き約束』

おれは、大船の巨匠のなかでも木下恵介監督の作品に最も関心があった。関心があったというよりも、圧倒的に打ちのめされたのが『陸軍』(44)という戦争中の作品である。検閲の厳しい時にもかかわらず、出征する我が子の姿を求めてどこまでも追いすがる田中絹代の母の姿を、延々と執拗なまでにカメラで追い続けるシーンは、生涯忘れられないインパクトとなって心に食い込んでいる。あれは、反戦映画というよりも、母の愛情が、戦争を越え、国を越え、ただ一筋にどこまでも我が子の上に降り注いでいるという赤裸々な母性本能を描いた作品だった。

もうひとつ、木下監督の作品で、遂に製作されることはなかったが、『戦場の固き約束』という作品があった。あのシナリオのなかで、死に赴く少年兵を、母として抱きしめる一人の女性のシーンがこれまた、『陸軍』以上に心を打たれた。

『カルメン故郷に帰る』(51)、『風花』(54)、『女の園』(54)などに出てくる女性像は、女を描いてあまりにも鋭く、気味悪ささえ感じさせたが、『戦場の固き約束』で描かれた女性はそれらを大きく越えているように思われた。

昔の話なので、当時木下監督のプロデューサーをやっていたＷプロからシナリオを借りてもう一度読んでみたが、やはり素晴らしい作品であった。実現していれば、木下監督のたどり着いた最高の傑作になっていたかもしれない。しかし、映画の世界の常として、実現できなかったからこそ、心に残る傑作はあまりにもたくさんありすぎる。

◇

『戦場の固き約束』は、昭和17年中国の戦場での出来事である。

トップシーンに「満天に星が輝いている」というふうに書き出されている。しかし地上のあちこちに火が燃えている。日本軍の略奪のために燃え上がった火事である。明日、結婚式を控えていた2人の中国人の恋人、昌英と春玲は、突然やってきた日本軍の攻撃によって引き離されてしまう。そして、日本軍に連行された昌英を密かに追い続ける春玲。その途中でどうしても故郷の母親に一目会いたいと戦場を逃れる中国少年兵、陳と春玲が出会い、一緒に日本軍の後を追う。

2人は生死の戦場の中で必死に逃げ回りながら、恋人と母を求めて進んでゆく。だが、途中で16歳の少年兵陳は、母の面影を求めて幼児のように春玲の胸にすがりついてくる。春玲はそうした陳を避けることができず、恋人の昌英と重ねて、泣き声を上げながら抱きしめる。満月の下、ぎりぎりの戦場で母を求める少年兵と、恋人を求める春玲とが、2つの激しい思いとなって抱きしめあう。そこには、国境を越え、戦争も越えた哀しく清冽な男女の姿がある。

少年兵陳は、日本軍に捕らわれている昌英に春玲が近くの寺にいることを教えるために、春玲の手を振り切って日本軍の中へ入ってゆく。「もういいのです、お母さんに会えたんですから」、そう言いながら。そして、殺されてしまう。

ラストシーンは、遂に巡り会えた昌英と春玲の2人の言葉で終わる。

春玲「やっぱり死んだ。満月の晩に私に抱かれた子供。私はあなたと結婚したかったのに（涙が流れる）」

昌英「(涙が流れる) いいさ。生きていたんだもの。生き延びよう、傷だらけでも」

◇

しかし、なぜであろうか、シナリオで描かれた春玲の姿を思い浮かべると、あのヴァチカンのサン・ピエトロ大聖堂の一隅に置かれたミケランジェロのピエタの像と重なってくるのである。あの像は、十字架から降ろされた我が子キリストを哀しげに見つめるマリヤの姿を彫り上げたものであるが、その表情は少年兵陳を抱きしめた時の春玲に重なってくるのである。

春玲という女性を通して描かれた母と女と神の物語。それが『戦場の固き約束』だったと、おれには思われる。なぜなら、あの満月の夜のシーンを思い出すと、たちまちピエタの像が浮かび上がり、マリアの哀しげな顔が激しくおれの胸に迫ってくるからである。

おれは、木下監督とは、撮影所で面と向かって会ったことはない。個人的には好き嫌いの激しい人だということは聞いたことがあるが、スタッフに対しては思いやりのある人だったらしい。一度だけ、ちらっと見た時があったが、体全体から不思議なオーラがあふれ出ているような感じがした。それにしても、木下さんもさぞかし口惜しい気持をもったまま亡くなられたのであろう。

神輿を担ぐスタッフの高笑い

話は跳ぶが、京都であろうが大船であろうが、映画という神輿を担ぐスタッフの眼には、並々ならぬものがある。仕事をやっていると、それが映画の表面には出てこない不思議な哄笑となって響き渡る。ヘソ曲がりのおれには、むしろそのことの方が面白かった。

たとえば、撮影が終わって焼き鳥屋で一杯やる時などにとんでもない話が出てきたりする。何人かの宣伝部の人から聞いたことだが、「おれは小津さんが嫌いだ」という。映画の神様のような人なのに、「なぜだい」と聞くと、「あの人はおれたちのことを〝屑拾い〟だと言ったからだ」と言う。たしかに、宣伝のために忙しい撮影の合間に俳優をセットから連れ出し、ポスター用の写真を撮るとか、インタビューするということが間々あるので、監督としてもそれがわずらしかったのであろう。

しかし、いまやテレビや雑誌で宣伝しなければ興行成績も上がらない時代だということは巨匠たちも分かっているはずだ。それを〝屑拾い〟と言われていっぺんに嫌になったという。

なるほど、そういう一面もあったのかとびっくりしたが、言われてみれば、今村昌平の本にも小津派の野田高梧から、「汝ら何を好んでウジ虫ばかり書く」と言われて、「上等だ、俺は死ぬまでウジ虫を書いてやる」と決心したことが書いてあったが、ここでも同じようなことが起こっていたのだなあと思い当たった。それは、小津監督の一面にしか過ぎないのであろうが、やはり言われた人間には応えたのであろう。

しかし、彼らは小津作品そのものは、客観的に正しく評価していた。

話がはずんでくると、『古都』（63）、『紀ノ川』（66）などの中村登作品をよくやっているスタッフの一人が変なこと言い出した。「中村監督は少し軽いところがあるなあ」と言う。「どういうことだい？」と聞くと、「あの監督は、マスコミや見物人がたくさん来るロケの時、カメラに背を向けたまま、自分が監督であることを誇示したいのか、そのまま見物人の方を向いて〝ヨーイ、ハイ〟をかけた。それはいいんだが、その間に肝心の撮影が終わってしまっていた。いわば、後ろ向きの監督だなあ、あれは」などと言って、あっははと大笑いする。

すると、そばからもう一人が「それどころじゃないよ、あの監督は〝隠し撮り〟だというのに『隠し撮り、本番ヨーイ、ハイ』と号令をかけて、撮影がパーになってしまったこともあるよ」と、これまたみんなが腹を抱えて笑う。

一人が「監督もいろいろだが、俳優だっていろいろだぜ」と言う。「あれは伴淳とフランキーが出た映画だった。たまたま旅館の部屋割りのことで、伴淳の部屋が下で、フランキーの部屋が２階になったことがあった。すると、伴淳が例のごとく額に青筋を立ててすさまじい剣幕で怒り始めた。伴淳が言うには『どうして俺の部屋がフランキーの下なんだ』という理由らしい。それで大喧嘩になってしまったというわけだ。子供の喧嘩だなあ、あれは」

「俳優の左卜全さんも変わった人だった。いつも松葉杖で足を不自由そうにしながらやってくるが、ある時助監督が飛んできて、『卜全さん、本番が始まっているよー』と叫んだら、卜全さんが、突然、松葉杖を放り投げて脱兎のごとくセットの中へ飛び込んでいってしまった。あれにはびっくりしたなあ」

次から次へとスタッフの口から妙な裏話が飛び出してきて、そのたびに笑ったり怒ったりわめいたりしている。

スタッフから聞いた裏話を言い出せば、おそらく世間の人もひっくりかえるような話はおれもいくつか聞いた。そしてびっくりするのは、それらの裏話がその人の名声も一挙にひっくり返るような無残な話があまりにも多いことには驚かされた。

「監督はオーケストラの指揮者と同じだ」と言った監督もあったが、スタッフにとって、神輿をかついでいても、監督はそこに乗っかって合図をしている役目の人間だと思っている。肝心の神様（作品）は神輿の中に鎮座しているのだから、その神様が担ぐ人間にも映画の発展というご利益を満遍なく与えてくれることを願って、担いでいるのだ。肝心のご神体を忘れてのさばる監督など神輿から振り落とせと叫んでいるようなものだ。

スタッフに嫌われる監督とか好かれる監督がある。好かれるばかりが必ずしもよいとは言わないが、神輿を担ぐスタッフはいつも鋭い目で、ご神体とコンダクターの区別をはっきり見極めているものである。

『渚を駈ける女』

おれは気の進まないままに、とても後世に残るとは思えない低予算の映画を作り続けていた。会社も製作本部長が入れ替わったり、社長が会長になったり、会長が社長になったりして、忙しいことだった。

こちらは、まだ格下のプロデューサーだったので、気に染まない仕事を断る力もなかった。給料も安かったので、わずかなプロデューサー手当をもらわなければ、生活が成り立たなかったので、目をつぶって、ひたすら仕事をこなさねばならなかった。

ある時、『渚を駈ける女』（64）という企画が通ったので、意気込んでいたら、なんと監督をＳでやれという。「Ｓ監督ではいやだ」と、Ｈ企画部長に言ったら、「馬鹿、斎藤！　これは会社命令だ」と言う。おまけに主演を桑野みゆきで考えていたのに、名前も聞いたことのない路加奈子でやれと言う。

「誰ですか、その女優は？」と聞くと、なんでもピンク映画界出身のグラマー女優だという。

「そんな話ではありませんよ、これは北欧ノーベル賞作家の悲劇のストーリーを土台にしてあるんですから」とＨに食い下がると、Ｈは高血圧で真っ赤な顔をして「馬鹿！　何がノーベル賞だ。これは大谷会長直接の命令だ。安もんが何を言う、カス！」と怒鳴る。

河内弁には慣れているが、実のところこの部長も、上からのお達しを断れないジレンマで苦しんでいることが分かったので、仕方なくやることにした。

この映画のストーリーは、母・戸志子（高峰三枝子）と娘・冴子（路加奈子）が一人の男性（吉田輝雄）を同時に恋し、そのジレンマで母親が自殺する。その後、男性は戸志子の思い出を断ち切り、冴子と結婚式まであげることになったが、冴子は母の自殺を烙印のように背負っていて、結婚式場で牧師の言葉を肯定することができず、男の手を振りきり、身を翻して渚を駈けてゆく。波の中に純白なドレスが残っている――というような話である。

こんな心理の入り組んだギリシャ悲劇的な話を、『伝七捕物帖』や『喜劇・大親分』（65）などを作った監督が撮れるはずがない。そう思って反対したのであるが、結果は目に見えていた。

案の定、スタジオを見に行くと、監督が、おおげさにもセットの中へ中型クレーンを持ち込んで、ピンク女優が裸同然の衣装で悶えているところを延々と撮影している。

もうそれ以上見ているのに耐え切れなくなってスタジオから出たが、順番制とは言え、カメラを回している厚田雄春は、故・小津安二郎監督のカメラマンだった人なので、どんなに辛かっただろうと気の毒になった。

作品は語るに値しないが、こんな無茶な、ピンク女優を押しつけてきたり、時代劇監督でやれと命令を発するというのは、老会長の傍にはどういうアドバイザーがくっついているのか疑問になってくる。

値切れなかった脚本料

昭和40年（1965）。ある日、たまたま『キネマ旬報』をめくっていたら、『その口紅が憎い』（65）というシナリオが載っていた。同僚のOプロが、「この作品は行けるんじゃないだろうか」というのでよく調べてみたら、橋本忍と弟子の国弘威雄の共同執筆で『空港の魔女』（59・佐伯清）という題名で一度東映で作られたものだった。

このシナリオは、空港での偽札事件をめぐる刑事もので、松竹向きではないかもしれないと思ったが、提出したら、題名が何か意味がありそうだと思われたのか、企画会議で映画化することが決まった。

シナリオをもらうため橋本忍さんに会ったのは、京都の『切腹』の時以来で、大船の2階の喫茶店で、国弘威雄さんという お弟子さんと一緒だった。

『切腹』の時のことを覚えていてくれて、「君も一本立ちになって何年になる」などと懐かしそうに話している間はニコニコと温顔だったが、肝心の脚本料の問題になると、俄然態度が厳しくなり、150万円以下では絶対駄目だという。

おれは、芸分室のS室長から、「題名は違うが、リバイバルだから100万円に値切ってきてくくれ」と言われていたので、大分頑張ったが頑として首を縦にふらない。

話の途中、橋本さんが、トイレに立って行った間に、国弘さんに「なんとかなりませんかね」と相談したら、彼はそっと耳を近づけてきて、「あの人はお金にはきつい人ですからねえ」と言って首をすくめた。

その様子をみて、この交渉は無理だと思った。俳優のギャラを値切るのには慣れていたが、脚本料を値切ったことはなかったので、今後のこともあると判断して、結局、１５０万円でもらうことにした。だが、あとでＳ芸文室長からさんざん文句を言われた。

一方、この作品の監督は、「京都出身の新人で行け」と、企画に絡んでいたＯプロがしきりに言う。こちらも、新人監督が出てきてもらいたいと思っていたので、Ｏプロと親しく『河内の風よりあばれ太鼓』のチーフをやった長谷和夫を推そうということになった。

こういう映画は、大船の助監督から選んだ方がよかったのかもしれないが、京都からきたばかりなので助監督の名前もよく知らなかった。

そんなある日、篠田正浩監督が、ぶらりと企画室へやってきて「これは、誰がやるの？」と聞くので、長谷和夫だと言ったら、「おれもやりたかった題材だなあ」という顔をしていたように感じられた。Ｏプロの薦めがなかったら、この監督の方がよかったかもしれないと思ったが、もう遅かった。

長谷和夫の力量は全く未知だが、京都では、酒井辰雄監督のチーフもやって、『こつまなんきん』などやって成功させているので、失敗しても構わないだろう、ともかく新人の助監督に一本撮らせることが大事だとOプロが言うので、そうすることにした。

問題の男優であるが、そのころ佐田啓二や高橋貞二などが交通事故で死んで適当な役者がいなかった。菅原文太はいたが、あまり目立たず、大船では悪役などに使われていた。

そうこうしているうちに、上層部から内田良平でやれという指示が下りてきた。

どうも内田良平のマネージャーの裏工作があったらしいが、真相は分からなかった。演技に文句はなかったが、主役としては地味過ぎた。

こちらとしても、企画を出すときに、主演俳優をもっとていねいに探してから出せばよかったのだが、その辺の詰めが甘かった。代案がないままクランクインしてしまったが、結果は、やはりよくなかった。

作品を担当した長岡カメラマンの忠告を聞かず、重要な新聞記者の役を、京撮出の時代劇俳優に決めたことも決定的なミスであった。

加えて、この作品をどうしても成功させてやろうという意気込みを、その頃のおれ自身が次第に失いつつあったことも原因である。あれこれ反省してみると、やはり、これは大船向きの作品ではなかったのかもしれない。

東映の真似

またその頃、東映のヤクザ路線が当たっていたので、営業の方から、松竹でもそういうものをやってくれという要請があったらしい。「斬った張った」は、松竹大船ではタブーであり、まして、東映的なヤクザ映画を作れる土壌はなかった。

それでも作れというのだからよほど切羽詰まってきたのであろう。他の会社の物真似がはじまったなと思ったが、高血圧部長がおれを呼んで「お前がやれ」と言う。

京都時代に、東映の太秦撮影所で、ヤクザものの撮影にも立ち会ったことがあったので、所詮、あの真似を松竹・大船でできないことはよく分かっていたが、裏事情としては、営業部を納得させるためには、こういうものをやらざるをえなかったのであろう。題名も部長が訳の分からない『侠勇の花道』と決めてしまっていた。

こちらは、どうせやるなら思い切って「ドス」というのがよいと思っていたので、「〝侠勇〟という言葉が辞書にあるのですか」と聞こうとしたが、また逆らうと「馬鹿、カス、安もん」と言われるのが分かっていたので止めておいた。

何事にも徹底して自分の主張を貫けない自分が情けなかったが、これも安もんプロデューサーの限界であろう。

話は少し逸れるが、おれは加藤泰さんの作品が好きだった。特に『明治侠客伝　三代目襲名』(65）は傑作だと思った。最後に警官にひかれてゆく鶴田浩二の後ろ姿に激しい汽車の蒸気がぼーっとふりかかるところは映像美の極致だと思った。この人に敵うような任侠ものを松竹が撮れるはずがない。

この加藤泰さんは、自分の演出の狙いを、独得の絵コンテを描いて、前もってスタッフに渡しておくというやり方をしていた。作品を担当したＳプロが、あれによってチーム全体がその意図を理解してうまくいったと話していたことがあった。加藤泰さんを師と仰いでいたのが、後に『天城越え』(83）を撮った三村晴彦である。

映画は作る前に、こんなものを作るのはお金を溝《どぶ》に捨てるようなものだと思うことがよくあったが、いろいろなしがらみが絡み合うと、どうしてもほどくことのできない作品もあるものだ。『侠勇の花道　ドス』(66）は、長門勇の主演でやったが、やはり大船ではしっくりこないものになってしまった。

監督はＭという『続　道場破り　問答無用』(64）などを撮った京都出の新人だったが、彼も大船の水に合わなかった。加えて、京都で育ったスタッフも四散していてほとんど大船にはいなかった。その辺にも大きなネックがあった。ただひとつ、覚えているのは、おれが作詞した唄が、主題歌として水原弘が歌ったことである。

〽赤い提灯　唐辰《からたつ》いのち　どうせおいらはねじれ花
　斬って斬られて戸板に乗って　やくざ命は蜻蛉《とんぼ》のいのち

昔、岸本プロが「旅烏捨て子長じて野に果てる」という俳句か川柳かは分からない詩を作って見せてもらったことがあったが、この歌詞もそれと似たヤケクソな匂いがあり、やがてやってくる自分の運命を暗示しているような歌だった。

リバイバル路線

その次に参謀本部から下りてきたのが「リバイバル作品」路線というやつだった。切羽詰まってくると、何にでもすがって血路を見出したいと願うのであろうか。

東映のマキノ雅弘監督なども、そのころ、昔当たったリメイク作品ばかりやらされるので、こんなことでは、東映も行き詰まるだろうと、何かの新聞に書いていたが、どこの会社も同じような状態だったのであろう。

松竹のリバイバル作品というのは、当時松竹の社長だった城戸四郎が、昔ヒットさせたことのある作品を、もう一度、現代に焼き直して作れという命令である。

『愛染かつら』（54・木村恵吾）という恐ろしく古い大ヒット作品もあるが、いくら昔当たったと言っても、いまの時代にこんなものを作ったってどうなるものかと思っていた。『愛染かつらをもう一度』（星野哲郎・作詞）という島津亜矢の唄のように、娘が年老いた父母の歌う「愛染かつら」の歌に心を打たれるような形で内容を全く変えたものにリメイクするならともかく、衣装と俳優と背景だけを現在に置き換えてもうまくゆくはずがない。それに、リメイクが成功したという話もあまり聞いたことがない。

おれは、なんとかそのリメイクの亡霊から逃げ切ろうと思って、そっと隠れて目立たないようにしていた。ところが、逃げれば逃げるほど、敵は追いかけてくる。結局そのトバッチリを一番多く受けてしまった。そして、『人妻椿』（67・市村泰一）、『純情二重奏』（67・梅津明治郎）、『稲妻』（67）などを作った。

その中で、大庭秀雄監督で作った『稲妻』は、藤田まことのキャステングがうまいと、城戸四郎大プロデユーサーが、陰で褒めていたというが、それは、おれの案ではなく、田中助監督の案だったので、彼を褒めてやってくれと思った。

浜木綿子《はまゆうこ》が、市川猿之助と別れて芸能界から離れていたが、しばらくぶりに出演するきっかけとなった作品だ。彼女は宝塚出身で、香川照之（市川中車）の母親でもある。出演するのを迷っていたらしいが、出てよかったと喜んでくれたのを覚えている。

銀座の松竹会館はそのころにしては立派なものだったが、これは『君の名は』という大庭監督の作品が大当たりして、その金で建てたものだとも聞かされていた。ボーナスが4回も出たのがその頃である。

それにしても、それほど大当たりした作品を作った監督でも、こうしたリバイバル作品を作らされるのが実状だった。大庭監督は、魔法瓶にコーヒーを溢れるほど入れていつも飲んでいる人だったが、時々おれの顔をみて「あんたは、どこか寺山修司と似ているなあ」と言った。寺山修司に似ているとは光栄だが、おそらく、おれもまだ東北弁か新潟弁が強く残っていたためであろう。

リバイバル路線は予想どおり、どれもこれも全く当たらなかったし、陰ではスタッフの笑いものになった。

第8章　大御所との仕事、『おはなはん』

テレビの『おはなはん』

昭和41年（1966）頃、NHKの番組で人気を博していた『おはなはん』という番組があった。これは林謙一という人の書いた随筆を、小野田勇が脚色し、樫山文枝主演の朝ドラだった。小野田勇は、前に『ちんじゃらじゃら物語』でいろいろ関係があったので、興味深く見ていた。その時ふと、これは松竹調だから、大船でやったらどうだろうと思った。

会社へ行って、同僚の島田プロに相談すると、「いいかもしれない。早く原作を押さえないと、東宝あたりにとられてしまうぞ」と言う。

そこで、高血圧部長に話したら、すぐ白井昌夫専務にOKをとってくれた。

そして、「斎藤、これからNHKへ行って、もらってこい」と言うから、芸文室で契約書を作ってもらい、急いでNHKの会長室へ行った。Sという文芸部長が一緒にいて待っていた。

おれは、松竹の会長大谷竹次郎という人にも、これまで直接会ったことがないのに、NHKの会長と直接話すのはちょっと気がひけたが、向こうも映画化されるということは、世間の評判がいいということの証しなので、悪い気もしなかったのか、割合スムーズに契約することができた。

「俳優は、誰でやるんですか?」と同席していたS部長が聞くので、「まだ決まっていないのですが」と言うと、「岩下志麻でやってもらえないですか」と言う。

一瞬、庶民的な俳優の樫山文枝でやってる作品だから、岩下志麻でいいのかな？と思ったが即答できないので、「会社へ帰って相談してみます」と言った。

するとS部長が、おっかぶせるように「ぜひ、岩下志麻さんでやるようにしてくださいよ」と言った。この人がどうもこの番組の実権を握っているように思われた。

帰って部長に、「ＮＨＫでは岩下志麻でやってくれと言っていますが」と言うと、早速白井専務のところへ相談に行き、「それじゃあ、岩下志麻で行けと専務が決めたから志麻でやれ。監督は野村芳太郎だ」と言う。ここで初めて、おれは野村監督と仕事をすることになった。

野村芳太郎監督

野村監督は、仕事に入ると、なんだかプロデューサー以上に段取りがよくて、四谷の自宅へ行ったら、もう大体のキャスティング案はできているようだった。

主役の速水中尉も栗塚旭《くりづかあきら》でいいという。栗塚は京都のくるみ座の俳優で、『切腹』の時知り合った竹本幸之祐マネージャーとは親しかったので、すぐに決めることができた。

『おはなはん』（66）の役を、会社が岩下志麻で行けというなら柱は決まった。あとは野村一家といわれる俳優座系の達者な役者のスケジュールを調整すればいいだけだ。予算も京都でやった時ほど窮屈ではなかった。

それにしても、京都にいた時は、東京の俳優を使うのは困難をきわめたものだった。

制作室に、小田ちゃんと呼ばれる「縫い」(スケジュール調整）の名人がいて、毎日針の目を通すようにやりくりしていたものだった。

四角な升目の上の方に、1／2／3／4とスタジオナンバーと撮影中の組の名前が書かれ、横に俳優の名前が書かれている。それを、時間単位で縦横に変化させながら東京・大阪・京都と組み合わせてゆく。それも、監督、俳優、スタッフ、製作費などを細かく睨みながらやっていたが、あとで思えば神技だった。

その小田ちゃんも大船へ転任してくることはできなかった。

それなのに、監督が、自らキャスティングを手助けしてくれるとはなんと楽な話だ。たちまちにして、加藤嘉、水戸光子、小沢栄太郎、小沢昭一、平幹二郎、左卜全、花沢徳衛など、みなスケジュールを都合して、なんぼでも集まってくる。

野村芳太郎監督といえば、『張り込み』(58)、『ゼロの焦点』(61)、『砂の器』(74）など、すぐれた作品を作った監督だが、ともかく作品の数が多い。佳作・駄作も含めて手際よくどんどんと作りあげてゆくという感じだ。

生涯で90本近く作っている。それだけでなく、後期には『天城越え』とか、『八甲田山』(77・森谷司郎)、『キネマの天地』(86・山田洋次）などの製作プロデューサーもやっている。

大船の助監督の中でも、「邪（蛇）の野村」とか言われて恐れられているらしく、助監督もあまり付きたがらない監督らしい。さらにチーフ助監督に「鬼のＳ」という人がついている。「蛇と鬼」がセットになっている。

しかし、おれはそんなことをあまり気にはしていなかった。

京都では、プロデューサーは、どんな監督とでも対等に話し合って仕事をするのが当たり前だというふうに教えられてきていた。岸本吟一プロも、杉山茂樹プロもそうだった。野村監督だからといって特別気を遣うこともあるまいと思っていた。

あとで知ったのだが、この人の父親は、野村芳亭という蒲田時代から松竹撮影所長もやった映画界の草分けとして有名な人だったが、そんなことも知らなかった。

それはそれとして、この監督は、何事につけても手際よく現場処理する能力はプロデューサー以上にすぐれていて、撮影は順調に進んでいた。野村一家の俳優たちも巧みな演技力で、それぞれの役をこなしていた。カメラは川又昂、脚本・山田洋次、音楽・小川寛興、美術・佐藤公信、編集・浜村義康、録音・栗田周十郎、スタッフも万全だ。

野村監督は、演出するにあたって独得なやり方をしていた。台本の上には線を引いて、ここは「観客が笑う」とか「感動する」とかというふうに書いてある。その時はよく分からなかったが、あとでＯプロに聞いたら、これは野村監督がたくさんの作品を作りつづけることができる秘密武器だった、ということが分かった。なるほど、そこまで観客の心理を考えて作るのか、これはプロデューサーとしては学ぶべきことだと思った。

監督至上主義

『おはなはん　第二部』（66）の時だった。企画室の2階で柄にもなくチャイコフスキーの『悲愴』など聞いて昼寝していた。ところが、昼寝の夢を破るドラムの大轟音と共に大きなトラブルが発生した。

というのは、小川真由美の演ずる津軽の芸者が『十三の砂山』を踊るシーンを撮ることになった時、鬼のS助監督がやってきて、どうしても小川真由美のスケジュールが合わないので誰かほかの人に変えてもらうように、監督と相談してくれという。「どうしても駄目なのですか」と念を押すと「どうしても駄目だ」と言う。

それでは、仕方がない。ほかに代わるべき女優を捜して、監督に相談しなければならないと思い、いろいろ調べたら浜木綿子がスケジュールが合うという。

浜さんなら演技もしっかりしており、いいだろうということになって、早速監督の許へ行き、この際、撮影をスムーズに進めるためには、浜木綿子でいってもらいたいと言ったところ、監督の態度が急に硬くなったように思われた。そして、もう決めてしまったことだから絶対に小川真由美で

『おはなはん』〔監督：野村芳太郎、1966年、写真提供／松竹㈱〕
左から岩下志麻、栗塚旭、花沢徳衛

なければならないと言い張るのである。

　それでは、全体のスケジュールが狂って、ほかの大勢の俳優の予定も収拾がつかなくなると現場が言っているので、なんとか浜木綿子でやってくれないかと粘り続けたのだが、頑として承知しない。

　仕方がないので、チーフ助監督と、制作主任に相談したが、彼らの方もこれ以上、小川真由美一人のために、撮影スケジュールは延ばせないという。そこでもう一度、監督と相談したが、やっぱり駄目だった。

　現場は硬直状態に陥り、撮影はストップになった。そして、全てはプロデューサーの責任だということになってしまった。その他の候補を持っていっても首を縦に振らない。

　これは、京都の撮影所ではあまり経験のないことだった。京都では、プロデューサーの発言がもっと強かったので、どんな監督でも、困ったら相談にだけは乗ってくれ、一方的に拒否されることはなかった。しかし、大船では、プロデューサーの意見を入れてくれるのは、新人監督ぐらいのものらしい。その後も、これが大船の〝監督至上主義〟というものかということを、いやというほど知らされることになった。

一件落着

こちらも短気な方なので、しかも、まだ若かったので、そんなにプロデューサーが無能だと言うのなら、「ほかのプロデューサーでやればいいじゃないか」と思ったので、撮影所長の中島重役にその旨を伝えて社宅へ帰った。「あの監督とつきあうのはもう嫌だ。駄目だと言うなら会社を辞めるしかあるまい」と、家の中で横になって寝ていた。

しかし、会社を辞めるといっても子供もいることだし、明日から路頭に迷うわけにもいかない、どうしようかと、考えていた。ベランダには、二男の飼っている緑色の鳥がおれの顔色を窺うように、ちっちと鳴いていたのを覚えている。

家内も「監督と喧嘩して帰ってくるなんて、たいしたもんですね」と言ったが、別にたいしたものでも何でもなく、辛抱の利かないだけのことで、もっと上手にやりくりすればどうにかなっていたことかもしれない。しかし、こちらもつくすだけの手だてはつくしたつもりだ。代案が全部駄目だと言われることもあるまい。

　すると、そこへ突然同僚の武藤三郎がやってきて、ニコニコ笑いながら、「斎藤君、気持ちは分かるけど、プロデューサーが監督に逆らうのは、大船じゃ兵隊が大将に逆らうようなもんだ。おれがついていってやるから、ちょこっと頭を下げたらどうだ」と言う。

　仕方がないと思ってセットへ行き、「どうもすみませんでした」と言ったら、にわかに監督の顔が柔和になり、あっという間に、俳優の順番やスケジュールをいじって、たちまち問題が解決してしまった。

　驚いたことに監督の一声で、あれほどおれを追いつめていたスタッフも、手のひらを返すようにその指令に従って動きだしたのである。あっけにとられたが、なるほど、これが大船の現実だということをつくづく知らされた。

　あの時、武藤三郎を使いによこしたのは、中島所長らしかったが、その真相は分からなかった。

脚本・山田洋次の降板

　『おはなはん』では、脚本家とも問題が起こった。脚本は山田洋次が書いていた。野村芳太郎作品は、彼がいつもシナリオづくりをやり、影のように支えていた。京撮でやった『背徳のメス』(61)という作品の時も、彼は京都の旅館で待機して、野村監督の直しがあればそれに応じて直しをやっていた。おれは、その旅館へ滞在費を届けることがあったが、会話を交わしたことはなかった。

『おはなはん』の脚本も山田洋次がやっていたのだが、シナリオの段階で、彼は難問をぶつけてきていた。『おはなはん』の主役を岩下志麻ではなく、倍賞千恵子にするよう会社に促してくれというのである。

しかし、すでにNHKには、岩下志麻でという条件で原作をもらってきているので、今さら変更ができるわけがなかった。そのことを説明しても彼は、何度も繰り返して言ってくるのである。会社も岩下志麻の方向で、宣伝も営業もすでに動いていることを彼は承知した上で言ったのであろうか。

おれにしても、小津監督と原節子のコンビのように、それぞれの監督には気心の知れた俳優が必要だということはよく分かっているつもりだ。

そして山田洋次と倍賞千恵子のコンビが深いものであることは、寅さんシリーズを見ても万人が認めるところであろう。しかし、この場合は原作獲得に伴う特殊ケースであると言わざるをえない。

大船では、監督の力が強いのだから、おれに言うなら野村監督を動かす方が早いのではないかと思ったが、野村監督は、会社から岩下志麻でと言われて承知しているはずだから、それ以上、こちらから動かせるものではない。

気まずい空気が流れ、山田洋次は納得できないように、不機嫌な顔でシナリオを書いていた。

その影響は、第二部の時にも引き続いて起こった。

野村監督が、「洋ちゃん（山田洋次）が、第二部の脚本は書かないと言ってるが、どうするの」というのでその理由を聞いてもよく分からない。山田洋次が第二部を書かなかった理由は、何でも、自分の次回作が差し迫っているからだという理由らしかった。

仕方なく、ほかの人間をたてて、間に合わさなければならないことになり、結局、桜井、元持、吉田という３人がこれを書き、野村監督が直すという形になった。

第一部の野村、山田のコンビが崩れれば、結果がギクシャクするのは、分かっていた。この第二部がうまく転がっていたら、小野田勇がＮＨＫで１年間書き続けた作品だから、材料には事欠かなかったはずである。

会社も、野村・山田のコンビだから、うまくゆくと、見込んでやらせたのであろう。「たら、れば」は繰り言だが、このコンビが崩れなかったら、第三、第四とシリーズ化され、ひょっとして、大きく松竹の新しい強力路線として貢献できたかもしれない。

思い過ぎかもしれないが、そこには、大船特有の無言の圧力があって、生意気な京都出のプロデューサーを潰してしまえと言っているような、そんなひがみがちらっと湧いてくることがあった。

したがって、『おはなはん』は、多くの人が期待したにもかかわらず、第二部で、あえなく終りになってしまった。そして、その後、野村監督と仕事をする機会はなかった。

「映画は監督のもの」

いろいろな問題も片づいたある日、ひとりで企画室に座っていたら、山田洋次が、音もなく傍へ寄ってきて、「斎藤君、しょせん映画は監督のものなんだよ、大船じゃ」、そう言って向こうへ、音もなく立ち去っていったのである。

突然何を言うのだろうと思ったが、こちらの返事を聞かないで立ち去るというのも彼の流儀なのかと思ったが、この言葉がおれの心を根底から揺るがした。

「大船では、城戸四郎大プロデューサーが一人いればよい。そのほかのプロデューサーは、しょせん、給料をもらっているサラリーマンであり、監督の走り使いに過ぎないのだよ」

そういうふうに言われていることは、よく承知していたが、直接言われるとやはりその言葉がズシンと応えた。

山田洋次は、忠告のつもりで言ったのであろうが、おれにはそうはとれなかった。その後、『男はつらいよ』という彼の作品も何本か担当したけれど、この言葉だけは、心にへばりついて離れなくなった。

時代や会社によって、俳優中心主義、監督中心主義、プロデューサー中心主義などいろいろな作り方があるが、シナリオライターの久坂栄二郎が言ったように、「映画は監督だけのものではない。

スタッフ全体が作り上げる総合芸術である」と思ってこれまでやってきた。

確かに、小津、渋谷、木下監督のように個性が強くなければよい作品ができないこともよく知っているつもりだが、その辺を監督至上主義で通そうとすれば、スタッフが納得するだけの作品を作ることが最低条件である。

大船ディレクターシステムは、神輿を担ぐ人間の尊厳を無視した時、裸の王様になってしまう。

第9章　『神火101　殺しの用心棒』——てんやわんやの海外ロケ

懲りていた合作映画だったが…

昭和41年（１９６６）の10月頃だった。

慌ただしく同僚の杉崎プロがおれのところへやってきた。「なんだ？　そんなに慌てて」と聞くと、「実は緊急にやってもらいたい仕事があるんだ」と言う。

聞けば、香港との合作映画で、原作は漢字の吹き出しがついた劇画だった。シナリオは國弘威雄の手ですでに出来上がっていた。

「香港のショウブラザーズと合作しろと言われているのだが、おれはいま野村監督の仕事が手一杯で、海外ロケへ行く暇がない。悪いけど頼むよ」と言う。

合作映画といえば、前に『パイナップル部隊』で、いやというほど懲りているはずなのに、凡人の浅ましさ、香港ロケなら面白かろうと、安易な気持で、ともかく引き受けることにした。

しかしこれが『パイナップル部隊』以上に、とんでもない仕事だった。今、振り返っても、プロデューサー稼業の中でこれほど苦労したものはなかった。

そのころ三橋美智也の『おんな船頭唄』という唄が流行っていたが、まさに思い出しても、ざんざら真菰《まこも》、「どうすることもキャンノット」な仕事だった。

先日、この原稿を書くために、当時の記録をひっぱりだしてみたが、50年近く経っているのに、気持ちが悪くなってきた。終りにはなんだか吐き気さえしてきた。

『神火101　殺しの用心棒』のストーリーは、いわば、日本版ジェームズ・ボンドのようなもの。監督は『網走番外地』(65)の石井輝男、主演は竹脇無我、主演女優には香港のスター林翠《リンツィ》、バニーガール阿蘭の役には吉村実子という布陣である。

監督は、この阿蘭の役は浜美枝でなければ駄目だというが、彼女は東宝の俳優で、緊急ロケのスケジュールにはどうしても間にあわない。

たしかに監督の言うように、ボンドガールの役にしては少々色気が足りないかもしれないが、この際仕方がない。いやがる監督を説得して、吉村実子に決めた。

ストーリーは、国際的な偽札組織の本拠地・香港に「神火《しんか》101」という組織があり、それを壊滅させようと和製ボンド・竹脇無我が活躍する。竹脇はまだ鬱病に侵されていない元気な頃だった。

ストーリーも入り組んでいるから、不思議な人間ばかりが登場する。それに併せてそれなりのキャスティングをしなければならない。

神火101のボス…吉田輝男　水上生活者のボス…嵐寛寿郎　某国の総領事……大木実
チンピラ…………藤木孝　スナイパー………菅原文太　香港警察の警部…高松英郎
ドラマー（悪役）…笈田敏夫

いかにも、石井輝男監督好みの俳優が多く、これまた色気が少ない。それはいいとしても、これらの俳優を、ロケのスケジュールに合わせて、羽田と香港の間を的確に往復させせなければならない。その手続きが大変なところに加えて、スタッフ数十名がほとんど海外ロケなどやったことがない。普通の場合、こうしたロケには「ロケマネ」という専門担当者が付くのだが、経費節約のためか、おれと助監督の田中康義の2人でやれという。

そして、中島所長がおれを呼んで「斎藤、今度のロケ費は800万円以内でやれ。オーバーしても1000万まで。そして念をおしておくが、この金の一切の責任は斎藤、お前が負うんだぞ、ほかの人間ではないぞ、分かったな」と言う。

信用してもらうのはありがたいが、ドーンと山のようなものが体にのしかかってくる思いだった。

封切りが年末と決められているので、まずはロケハンに出発することになった。メンバーは、石井輝男（監督）、平瀬静雄（カメラマン）、森田郷平（美術）、田中康義（チーフ助監督）、田上清（国際部）、斎藤次男（プロデューサー）の6名である。

ロケハン日誌

これから綴る日誌の内容は、本来プロデューサーの仕事ではなく、ロケマネと呼ばれる人のする仕事がほとんどである。ロケマネの仕事がいかに過酷なものであるかを、おれはこの仕事を通していやと言うほど知らされた。

●1966年10月7日

ロケハン費用、4500USドルを持って香港の九龍（クーロン）半島にある啓徳(カイタック)空港に到着した。それにしても驚いたのは、密集した家並みにぶつかりそうになりながら飛行機が降りていく。全く危険な空港だ。沖縄の那覇空港も真っ青だ。

空港には、松竹香港事務所の呉金井《ごかない》と通訳の唐人竜《タンレンロン》（香港生まれの早大生）とが出迎えてくれた。九龍半島のシャムロック・ホテルに入り、まず、USドルを香港ドルに替えて、残金を金庫に預ける。本日の主要な仕事は、林翠という香港女優の出演料を幾らにするかという交渉である。

ここでまず最大の難関につきあたった。国際部のO部長から言われてきたこととは全く様子がちがっていたからである。マネージャーと称して現れたのが、張なんとかという油断ならぬ様子の人間だった。そしていきなりギャラは500万円だという。日本の俳優だってそんな高い者はいない。200万円ぐらいが限度だと言って物別れになる。

それに、新たな問題は合作相手のショウブラザーズの人間が、全く顔を現さない。同行していた田上部長に相談すると、「それなら松竹香港事務所の呉金井の集めたスタッフでやれ」と言う。松竹香港事務所の呉金井から提出された香港側のスタッフのメンバーは次の通りだった。

　現地側スタッフ代表＝劉恩澤《りゅうおんたく》。この人はスタッフ全体をまとめるボスの立場にあり、製作の段取り、費用などの責任をもっている。

　制作主任＝包古松《ぱおこしょう》（撮影現場の段取り）。助監督＝孫亜夫《そんあふ》。渉外担当＝除大偉《じょたいい》（英語が達者）。

　小道具・エキストラ＝蔡雄《つあいゆう》。松竹香港事務所＝呉《ご》金井《かない》。

　これに対し、本番では、日本側の監督、プロデューサー、助監督３人、撮影３、美術２、照明４、録音３、小道具２、宣伝１、メーク１などの担当者がロケ隊に加わる。

　それに前述の俳優たちを加えると総勢30名以上になる

　それがこれから香港中を所狭しとピストルの撃ち合いや、ヨットの脱出、ヘリコプターの追跡などをやるのだからたまったものではない。

　それに彼ら一人一人の宿、食事、スケジュールによる日本との往復、フィルムの運搬、撮影許可、毎日のロケの段取りとその費用の支払いなど、数えきれないほどのことが、押し寄せてくることになる。

　その夜のことだった。深夜２時頃にやってきた林翠のマネージャー・張という人と、再びギャラの交渉が始まった。思い起こせば、マフィアの取引もかくあらんというふうに怪しい駆け引きが続いた。おれは５００万円などというギャラを要求するのなら、もっと安い新人を抜擢してやると言ったら、相手もたじろいで段々値段を下げてくる。もっと下げろと言ったら約３００万円まで下げて、これ以上は絶対駄目だと相手も居直った。

結局、本社へ連絡して判断を求めたら、今後、この映画は、東南アジアへ配給することになるから、香港のスターである林翠ははずせない。仕方がないからそれで契約しろと言う。ずいぶん足許を見られたものだが、会社がそれでいいというならそうしようと遂に手をうった。それにしても呼び出された場所がナイトクラブなので、トランペットの喧嘩などが激しく、そういう雰囲気の中で片をつけようとする彼らの作戦にだまされたのかもしれない。

ロケハンで残った問題は、ピストルの撃ち合いは、どうしても場所が限られること。特に、ヒルトンホテルの前でピストルを撃ち合うことは、８本もの道路が集まっているので到底不可能。ごく早朝か、盗み撮りでゆかねばならない、ということになった。松竹はこうしたアクションものには慣れていないので、難しい撮影になりそうだ。

今ひとつ撮影の重要な舞台になるところが登打士街《タンターシガヤ》とかいう船がおびただしく集結する海上の街だ。ここは船溜まりというか、いろいろな船が舫《もや》いしているところだ。そこには、教会船もあり、学校もある。船を直す造船所などもある。しかも、ここには噂に高い苦力《クーリー》（下層労働者）のギャングが集結しており、一種の無法地帯である。

この船の街には幾つかのブロックができていて、その間を水路が走っている。

ストーリーでは、その水路で、葬式船と結婚船がすれ違い、その中を竹脇無我が走り回るという設定だから極めて危ない。このあたりは、海水が糞尿や生活水で泥のようになっているので、足をすべらせて落ちれば死んでしまいかねない。また、教会船も撮影予定に入れることになったが、撮影許可が下りるかどうか分からない。

また、クライマックスシーンとなるのが、ヘリコプターから吊るされたロープを伝わって高級ヨットから竹脇無我が脱出するというシーンがある。これもまた調べてみると、当時、香港にはヘリコプターが2台しかなく、警察かイギリス軍の所属のものしかないという。それを借りる許可が下りるかどうかは現段階ではわからない。

撮影は、マカオの賭博船でも行われることになった。

マカオの賭博場の撮影はどうかを確かめるために、田中チーフ、呉金井氏らにマカオに行ってもらったが、撮影許可の確証はとれないという。かつ、マカオはポルトガル領で入国手続きが必要であり、そのことは本隊が来るまでの間に解決してくれることを呉金井氏に依頼した。

その他、林翠の衣装やアクセサリーなどの小道具の値段交渉などがあるが、言葉が通じないので細かいことは劉恩澤氏に頼んだ。その他、電気ボルトの詳細を調べないとカメラのバッテリーの充電ができないとか、救急車をいかに借用するか、あるいは、高級ヨットの借用料を幾らにするかとか、スターフェリーの借用、拳銃借用、それに偽札印刷の機械の借用、はしごロープの作成、いやになるほど問題が起きてくる。

解決しなければならないことは山ほど残っているが、いったん日本へ帰って、今度は本体のスタッフを連れて本番の撮影に入らねばならない。それにしても、杉崎プロに頼まれて安易に引き受けてしまったが、これでは、おれの手には負えない代物のようだ。

だが、走り出した列車は止まらない。

撮影日誌

●1966年10月17日

ロケ隊一行は羽田を出発して香港に到着した。

再び啓徳空港に降りたが、入国で唯一の心配は、小道具の印南氏が、缶の中へ入れて持ってきた劇用の火薬が、入国ゲートでばれないで通過できるかどうかが心配であった。だが、なんとか通過できて安心する。現地新聞記者のフラッシュを浴びる。

●10月18日

『神火 101　殺しの用心棒』ロケ隊。啓徳空港で。前列右から４人目に三村晴彦助監督、５人目に菅原文太、６人目に吉村実子、８人目に竹脇無我、中央に石井輝男監督。前列左から２人目が唐人竜、５人目が筆者、６人目が藤木孝、７人目が大村文武、９人目が吉田輝雄、10 人目が平瀬静雄カメラマン。後列左端が劉恩澤、３人目が呉金井、４人目が田中康義チーフ助監督

８時出発。撮影初日である。

阿蘭（吉村実子）のアパート関係を撮り、夜はクラブ銀星の裏口の撮影を行う。25Ｋのジェネレーター（発電機）の騒音激しく見物、群衆の山となる。言葉がうまく通じないので混乱するばかり。この日の夜間ロケが予定をオーバーし警官と揉めたが、金を握らせて見逃してもらう。

本社から東京銀行香港支店に９３０万円ほどの送金があった。

大型ヨット・飛鳳号の借用代７００ＨＫドル（１日当たり）をふんだくられる。しかしヨットはかなり上等のものだったので仕方がない。３日ほど借りることにした。

香港警察へ行き、日本からもって来た劇用の武器（ピストルなど）の使用許可をと

る。

俳優の笈田敏夫（ドラマー役）、大木実（某国領事館役）らが到着する。

●10月19日

いろいろ交渉したが、ヘリコプター借用問題が解決しそうにない。香港に２機しかない上に、この映画が香港の偽札の拠点を暴くというストーリーでは、とても借りられそうにない。

駄目な時を考えて、念のため航空学校の小型セスナ機を見に行く、最悪の場合この学校の所有するセスナでゆくよりほかあるまいと思った。しかし、監督はうん、と言わないだろうから、どう説得するかが問題だった。

俳優の高松英郎（香港警察の警部役）、嵐寛寿郎（水上生活者のボス役）到着する。一方、菅原文太が撮影中に爪をはがし、化膿止めの注射を打ってもらう。

夜ホテルへ帰ると、本日のロケ費用の精算と明日の段取りの相談が始まる。一番困ったのは、香港スタッフの劉恩澤側から出される伝票が、全部中国語で書かれているため、通訳の唐人竜と相談しながら進めるも、高いのか安いのか判断が難しく、いちいちチェックすることで神経が疲れる。

加えてこのホテルを世話したトニー揚という旅行代理店業者が、内容もはっきりしないまま、ホテル代の前金５０００ＨＫドルを要求してくる。詳しく調べる時間がないので、呉金井氏に保証してもらって小切手で渡す。

●10月20日

8時出発。登打士街の撮影。

問題の水上民・蛋民《たんみん》（中国南方の水上生活をする異民族）街の撮影に入る。臭気おびただしく不潔極まりなく、水が濃い緑色になってぎらついて、気味が悪い。船に乗って撮影するのだが、船酔いするスタッフも多い。ここで何日も撮影するかと思うとぞっとしてくる。

松竹香港事務所の呉金井がここは私の縄張りだから大丈夫だと言うが、あとで聞くと彼は「ウオーター・タイガー（水上の虎）」という異名もあるらしい。どういうことなんだろう？と思ったら金井氏は、元日本軍の憲兵だったらしく、終戦後、香港に残って暮らしているということだった。それならこのあだ名の意味もよくわかる。

『神火101　殺しの用心棒』ロケ現場。香港の水上民・蛋民部落

いろいろ交渉してみたが、どうしてもヘリコプターが借りられないということが分かり、監督と膝詰め談判をすることにした。こちらもセスナよりヘリコプターの方がよいとは思うが、ヘリは、

香港に２機しかなく、まして偽札捜査のアクション映画では駄目だというのだから仕方がない。

なんとか、航空学校の所有するセスナに切り換えてくれとねばりつづけていると、田中助監督がいっしょになって事情を説明してくれたので、なんとか切り抜けることができた。

●10月21日
この日撮影予定だった登打士街にある教会船が借りられなくて、撮影中止になった。そこで「海天閣」のヨットの撮影に切り換えることになった。

また、小道具の用意する偽札の準備が間に合わず、それなら嵐寛寿郎、吉村実子のくだりを撮影しようということになったが、今度は笈田敏夫が外出していて掴まらない。彼は今日は出番がないと判断してどこかへ出かけてしまっていた。

その一方で、吉田輝男の東映とのスケジュール調整で手間取り、撮影は遅々として進まない。スタッフも、毎日なので、次第に中華料理が鼻につきはじめ、にぎりめしを用意するも間に合わず、不平が高まる。

●10月22日
７時出発。海上に浮かぶ教会船と大型ヨット・飛鳳号のくだりを撮る。

教会船を借りられないことでまたもめている。おれは再び、香港の航空学校へ行き、セスナのことを確かめる。あわせて値段の交渉をする。それにしても、香港という国では、万事金の世の中、ロケ費の責任を持たされた人間には毎日がそうしたいろいろな金との戦いだ。

一方、田中、徐大偉の2人で無人島のロケハンに飛び立つ。街中では撮影できないものを、この無人島でやることにしたからである。

●10月23日

ホテルの電気技術に関することで問題が起こる。

大型ヨットの使用料でまたもめる。

大船撮影所の鵜澤次長が視察にやってきたが、あまりのハードスケジュールに驚いた様子である。

一方、セスナの飛行手順は田中、徐の2人の双肩にかかっていた。

おれ自身も次第に体調が悪くなり、吐き気に苦しむようになった。

東京銀行へ行き、5000HKドルを劉氏に支払う。銀行からスタッフの手当を引き出し、その帰り道、乗っていたタクシーが電車と衝突しかけるが、危うく難を逃れる。天佑神助！

水上民部落の船の撮影が、相変わらず困難を極めている。

平瀬カメラマンが「マンマンデー、マンマンデー（遅い遅い、何してるんだ）」と怒鳴り散らすと、相手の船頭も怒り出し収拾がつかない。腐りきった運河の中で、まるで戦争が始まったような有様だ。たしかに、一歩間違えば命がない泥海で、葬式船と嫁入り船が飾りをつけて20艘ほどすれ違うというのは難しい撮影だ。

夜は、例によって劉氏とロケ費が高い安いと言い合いがはじまる。日本語と英語と香港語が入りまじり、これが毎日延々と朝の３時か４時まで続くのである。両者疲れ果てて、ようやく妥協点を見つけだしてゆく始末だ。次の日の朝がつらい。

●10月25日

７時出発。タイガーバームガーデン（胡文虎花園）の撮影。

ここは有名な観光地なのでピストルを撃つ撮影は許可できないというが、ここもなんとか金で解決する。右も左もブラックマネーばかりだ。

夜、急にビザ延長（エクステンション）の問題が起こり、その間の交渉に当たったトニー揚からも裏金をせしめられた。さらに、林翠が日本に入国するビザで本名と芸名が違うというので、日本領事館と香港政庁に何度も通い詰め、手数がかかって仕方がない。国際部に依頼しておいたことが全く行われていないので腹がたつが、なんとか解決する。

左からセスナのパイロット・デニー、除大偉、筆者

●10月26日

7時出発。このロケ最大の難関、セスナの撮影がはじまった。

田中康義助監督と徐大偉が乗り込み、命がけの空中アクロバットが展開された。2人の気持ちを思うと気の毒でならない。本当は監督が乗り込むべきであろう。

もし間違ったら命がない。飛行機から垂れ下がったロープの先に鉄の玉をつけ、それをひきずりながら飛ぶというテストを重ねる。

本番では大きな人型人形をロープの先にくくりつけ、それを引きずりながらセスナが飛ぶというシーンである。セスナは岸辺に接近し再び離れる。恐ろしいことにぶら下げたロープが海面に叩きつけられると、セスナが天井を向いてひっくり返りそうになる。

おれはただ祈った。傍にいた鵜澤次長が思わず、「パイロットが死んでも、田中だけは死んではならない」などと叫んだが、誰一人として死んだり怪我したりしてはならない、全てがパーになってしまう。

2度3度とセスナは旋回し、撮影は終わった。

この日もう一度事件が起こった。ちょうど昼になったので、小さな船の上で食事をすることになったのだが、俳優のYが飯に蝿がたかったから食えないとごて始めた。おれも気がたっていたので、思わずひったくって、「みんなが文句を言わずに食っているじゃないか」と怒鳴った。

Yも景色ばんで、あわやつかみ合いになるところだった。しかし、小船の上のつかみ合いというのも、ぐらぐら揺れて様にならないものだ。

周囲の人間に止められてやっと我慢したが、こんなことで文句を言うようでは、この俳優の将来も知れたものだと思った。

おれとしてもあの時、我慢しなかったらどうなっていたか分からない。やはり我慢したから撮影も続行できたことになる。だが、こんな時でさえ、思うままに怒ることさえ許されない三文プロデューサーの立場に、悔しさが湧いてきた。

●10月27日

マカオロケに出発する。

カジノ船の撮影許可が下りるまで、おれはマカオの海峡を見渡す、ヴェラヴェスタホテルで待っ

マカオのヴェラヴェスタホテル。左から菅原文太、嵐寛寿郎、笈田敏夫、筆者

ていた。ポルトガル領のマカオはすべてがヨーロッパ風で、どこかイスタンブールのような感じもする。ホテルも真っ白で地中海のホテルのようだ。そして、ホテルを経営する緒方という人としばらく雑談した。

緒方氏は、おれの顔を見ながら、自分の生まれ故郷であるのだろうか、白い髭を指で撫で、何かを想い出すように、「山形の梨郷《りんごう》の駅は通ったことがありますか」と聞いてきた。おれも大学時代通った覚えがあるので、「仙山線で仙台へゆくので通ったことがありますよ」と答えた。すると彼は懐かしそうな表情で「あの町の高い火の見櫓は今でもありますか」と言った。

「たしかにまだありますよ、当時私も見ましたから」と答えたら、緒方氏はうなずきながら遠くの空を眺めていた。どういう事情でこのホテルにいるのかは聞かなかったが、なぜかその顔は『望郷』（39・ジュリアン・デュビビエ）のペペ・ル・モコのように見えた。

緒方氏の後ろの方にマカオの海峡が絵のように広がっていた。その時のことを書いた詩があった。

望郷の帆かけ船

ここに一人の男がいて
遙か望郷の想いに駆られる時
赤い潮の彼方から南京袋の帆を張って
よろめきながらジャンクがやってくる
近づけば荒々しく帆は乱れ、船の中で喉ふくらまし啼いている
鶏の声さえ哀れなり

流れ来て流れ去る思い出に　波は逆光の鍵盤にして
凪は果てしないピアニシモ　大陸の島影から傷ついた
ジャンクがギターを抱きしめてやってくる
東と西の入り混じったユトリロの街

マカオ恋しや　ほつほつとまき散らす　望郷の帆かけ船

数時間後、なんとかマカオの撮影が終わり、香港行きの最終の水中翼船に間に合う。

3時間かかるので各自食事をとり、ある者はマージャンをやり、冷たい風に吹かれて酒を飲む者もいる。マカオの豪華な賭博船が段々遠くなり、奈良の春日山に似た山の上に、にじんだような月が出ていた。しばし平安な時であった。

しかし、ここも例のごとく決して平安無事ではなかった。助監督のU氏が、酔っていたせいか、マカオの記録シートを全部風で海中へ飛ばしてしまったからである。Uは大いに慌てていたが、おれも酔っていたので、その後どうなったのか分からない。多分、何とかなったのであろう。

●10月28日
花嫁船の撮影、雨のため撮影中止となる。

相変わらず、東京銀行の上田氏のところへ通い、劉恩澤への昨日のロケ費用の支払いを行う。まとめてやればよいのだが、その都度やっておかないと、香港スタイルでやられてしまう可能性がある。ロケ費の800万円の枠は死守しなければならない。

大型ヨット借用のスケジュール、アクアラングの借用料、撮影済みのフィルムをエアーフランスの便で日本現像所へ送る作業など雑用に追われつづける。おれは、釘でも踏んだのか、足の裏が腫れ上がって歩くことができなくなった。だが、そんなことにかまっていられない。誰も彼も自分の仕事に手一杯だ。

●10月29日

セスナ、船の爆破、無人島の撃ち合いなど。

再び、飛行機の撮影がつづく。ロープの先に人型人形を吊るし、操縦していたパイロットのデニーという男が手をはじかれて怪我をしてしまった。もしロープに手をからませていれば一巻の終わりであったと聞き、ぞっとする。

だがこの時大きな問題が起こった。というのは、この危険な情景をみていたスタッフの一人が、白いズボンをはいた石井監督が岩陰で寝そべって休んでいる姿を見つけてしまったのである。帰ってきた田中助監督が、「おれが命がけでやっているのに」と怒ったが、ほかの助監督も、「田中助監督のいう通りだ」といきりたっている。

なんとかなだめたものの、おれも次第に腹がたってきた。この監督は朝が起きられない性格を持っている。だから、田中助監督も、起きてくるのを待っていることができない。そこで、自分がセスナに乗り込まざるを得なくなる。それでも終わるまではどうしてもがんばらなければならないと、彼ら助監督をなだめるのに精一杯だった。

そして、悪いことにその夜、疲れ切った田中助監督が風呂場で足をすべらせて後頭部をタイルで

マカオの賭博船の前で。左から筆者、三村晴彦助監督、唐人竜

打ってしまったのだ。セスナから車へ、そして車からまたセスナへと移動しつづけているうちに平衡感覚を失って倒れたらしい。彼が倒れたらおしまいだったが、なんとか無事で翌朝のロケへ出発していった。

●10月30日

登打士街の水上蛋民の部落。

教会船が、濁りきった蛋民の海上街に浮かんでいる。そこを撮影に借りる許可がなかなか下りない。それをめぐって、いらいらしていた田中助監督と呉金井の間に緊迫した対立が起こった。

ウオーター・タイガーの異名をもつ呉金井氏は真っ赤な顔で、香港語で叫んでいる。通訳をやっている唐人竜に「何をわめいているんだ」と聞くと、「香港の海は深いんだ」と言ってるという。

「香港の海は深いぞ」ということは、「生意気いうなら海の中へたたき込むぞ。死体は上がらないぞ」という意味らしい。「なに物騒なことを言ってるんだ」と金井氏と親しい宣伝部のI氏に、なんとかなだめてくれるように頼む。

疲れて、皆、殺気だってきていた。

一方、次第に知恵のつきはじめた蛋民たちは、毎日つづく撮影を、なんやかやといって遅らせはじめて、その分、日当をかせごうという作戦に出たらしい。

そんな中でいつも撮影を見にきている蛸坊主のような奴がいた。それに眼をつけた誰かが、キャラクターとしては面白いから、あれを何かで使ったらどうだという。なるほど頭が光っていて面白いかも知れないと思って交渉すると、蛸坊主が１００ＨＫドルの出演料を要求しているという。あきれ果てて「足許をみるんじゃねーぞ」と断ったら、稼ぎそこねた海坊主はニヤッと照れ笑いして引き下がったが、残念そうにいつまでもおれの方を見ていた。

●10月31日
無人島で竹脇無我の残り部分撮影。

嵐寛寿郎氏がやってきて、「斎藤さん、すこしオマルがほしいんだが」という。

年はとってても大スター、「香港で遊ぶつもりだな」と思って、「ギャラで精算してもらいます」と念を押して15万円ほど渡した。

その後、１、２度やってきて小遣いが欲しいという。そして「これ、お土産」と鉛筆のようなものをさしだす。何だろうと思って鉛筆を逆さまにすると。中が透けていて、ヌードの姿が浮かび上がる。

他愛もないものだが、「面白いでしょう」などと言いながら、ちょびちょび小遣いを持ってゆく。ギャラを精算したら何も残らないだろうが、それにしても面白いおっさんだ。ほかの俳優がハードスケジュールや食事に文句ばかり言うが、アラカンさんだけは一言も言わなかった。

●11月1日
無人島・アバディーン（香港仔）の撮影。

無人島のピストルの撃ち合いシーンを撮る。街中では制約があって撮れないシーンをここでこなすことになった。相変わらず弾着の装備に時間がかかってしまう。

それでも何とか終わって、無人島からレパルスベイ（浅水湾）に移動した。ここは、浅瀬の海の水が透き通るように綺麗なところだった。大きな日傘の下でマージャンをやっている。そのマージャンは、日本で使う物より2倍ほど大きい。瑪瑙《めのう》のような色をして、それをパチッと打ち鳴らす音が妙に高い。

ところが、ここでも事件が起きた。

海に潜った吉村実子が、クラゲにさされて足が腫れ上がってしまったのである。大分痛がっているが、近くに病院はないので、おれは、ロケ用に借りていた小型のモーターボートに飛び乗って、無免許だがエンジンを蒸《ふか》し、急いで岸辺の薬局へ走った。ところどころに水面に顔を出している岩場があって、ボートがぶつかりそうだ。

陸上に上がっても薬屋がなかなか見つからない。どうして探したのか分からないが、やっと「キンカン」を手にいれて再び沖の現場に戻ったら、誰かの持っていた何かの薬で大分治っていた。その上にキンカンを塗ったら、腫れはだんだんおさまってきた。

ボートから岩場へ飛び降りる筆者のスタント？実は、クラゲに刺された吉村実子の治療薬を探し求めて、東奔西走

吉村実子は新藤兼人監督の『鬼婆』（64）などに出演していて、人間的にもしっかりした女優であった。彼女に船の上でロケ手当を渡したら、私は明日帰国する予定なので、今夜みんなで香港の街へ遊びに出ましょうかと誘われた。おれも行ってみようかと思っていたら、ホテルで劉恩澤が山ほどの伝票を束ねて帰りを待っていたので、行けなくなってしまった。

その後、カーフェリー（連絡船）の撮影には林翠が出演するとあって、黒山の人だかりができる。林翠の人気はまだ衰えていないようで、これなら東南アジア向けには受けるだろう。大金を払ったが、使っておいてよかったと思った。

午後からアバディーンに行った。ここは奇怪な香港の恥部であると思われた。バスから降りると無数の乞食が群がり、見渡すと糞尿のよどんだ海に、幾百艘となく腐敗船が浮かんでいる。一方、その向こうには、香港特有の巨大な建物や、豪華な別荘の数々がひしめいている。

その対比は世界でも類のない風景だ。このあたりは最も危険なところだが、そこを竹脇無我が走るのを、M助監督と盗み撮りする。かなりサスペンスな状況だ。

ロケ手当の精算をしている筆者と吉村実子

●11月2日

ヒルトンホテル前、ゴールデンゲート前の撃ち合いなど。

この頃から、車の故障や警察の許可などのトラブルがつづき、石井監督が「こんなに段取りが悪いのでは4日に帰ることに責任が持てない、もっと延ばしてくれ」と言う。たしかに、この監督は東映でアクションものなどをたくさんやっているので、アクションものに慣れていないわれわれを歯痒く想うのも無理はないだろう。M助監督に話しに行ってもらい、やむなく2日ほど帰国を延ばすことにする。

それでも、もうあとがない。我々は最後の追い込みにかかっていた。全てのことは忘れて二度とつまずかないように走らねばならない。みな緊張していた。

これ以上延びれば、日本関係のロケも残っており、ダビング処理などで、封切りに間に合わなくなってくる。

そんな時、また大問題が起こった。

送られてきた最後のフィルムが、日航機の中に放射能物質が積んであり、感光して使えなくなってしまっているのではないかと、平瀬カメラマンたちと大騒ぎになってしまった。

「もし感光していたら、日本航空は香港ロケの費用一切を弁償してくれるのか」と詰め寄ったが、撮影助手の松田氏とフィルムテストをしたら大丈夫ということで、それを持って現場へ駆けつける。

撮影済みのフィルムは何度かに分けて送るので、その都度いろいろ問題が起こって、撮影部も戸惑うことが多かったが、なんやかやと最後までフィルムには祟られどおしだった。

●11月3日

ヒルトンホテルの前。

ヒルトンホテルの前は、道が8本あり、放射状になっている。撮影には至難の場所だ。案の定、竹脇の運転するMGが前の自動車に衝突してしまった。だが、幸いなことに、相手の車の人が「警察沙汰になったら大変だから、とりあえず逃げなさい」と言う。相手の人に金を掴ませて、おれたちも逃げることにした。

全部が逃げ終わったと思ったのに、孫亜夫・香港助監督が捕まった。おれとMは、探しに行ったが見つからず、帰ったら現場にいて、なぜ君たちは逃げたのかと、さかんに我々を非難した。孫も警察へ行く途中で金を掴ませて逃げたという。

本番の撮影は、たくさんの警官が出動し交通整理をして始まった。最初の撃ち合いのシーンが始まると、黒山の人だかりだ。弾丸、火薬、弾着を、ある限り使った。

警官の奴らは、金をもらうと、傍の酒場でビールを飲みつづけていた。

夜、ホテルで、また伝票を整理してみると、MGの修理代、警察官へのブラックマネー、スポーツカー、ベンツ、オープンカー借用代など、いろいろな経費が嵩み、ロケ費の残りも少なくなってきていた。しかし、覚悟を決めてともかくやり通すことにした。

あとは野となれ山となれの心境だった。

●11月4日

６時出発（早朝の交通が混雑しない時間狙い）。

10月７日から始まったこの仕事も、約１か月ほどで、ようやく終わりを迎えていた。ロケの本隊は、今日の撮影を終えたら、明日香港を発つ。限られた人数で撮り残した場面を撮らねばならない。この日、石井監督が「明日の撮影はお任せします」と言ったことから、助監督たちが怒りを爆発させた。「B班撮影（部分的にほかの助監督などにやらせること）は行わないと断言していたのは、監督自身だったはずだ。いまさら何だ」と、彼らの怒りはなかなか治まりそうでなかった。

彼らは大船助監督の誇りもあるので、「これだけ外部監督に協力しているのに、何だ」という気持ちだったのであろう。おれも彼らの気持ちが分かるので一緒になって抗議したいところだが、じっと我慢した。助監督陣がかわいそうに思えた。なんとか怒りを治めてもらい、危機を回避することができた。

それにしても、撮影の大半はもうすぐ終わる。夜、香港側スタッフと、明日帰る日本側のスタッフのお別れパーティーが行われた。和やかに進み、ナポレオンがうまい。誰だったか大漁節を歌い、印南（小道具）と松本（照明）が炭坑節を唄った。

もう一日で香港ロケの全てが終わる。

だが、決して油断はできない。なぜなら、いろいろな突発事件に苦しむと、疑い深くなり、また大きな爆弾が落ちるのではないかという恐怖心ばかり起こってくる。最後の最後までほっとすることができなくなってしまっていた。

●11月5日

7時出発。残された拾いのシーンを撮る。

ヒルトンホテルからビクトリアパークへ、水中翼船、カーフェリー、海天閣の前などを撮りながら進む。

午後、空港へ行き、帰るスタッフを見送る。各自、思い思いの土産を買い、日本の妻子の許へ帰れる安堵と、香港スタッフとの惜別の思いが交錯しているようだ。

お互いに、1か月、苦労を共にしたので深い親近感が湧いているらしく、孫亜夫助監督の目が真っ赤だ。飛行機が見えなくなるまで、手を振っていた。

彼らを送った後、すべてのことが終わった安堵感から、ホテルへ着くと、おれと田中助監督はそのままベッドに倒れ込んだ。

●11月6日

アンバセダホテルへ行き、監督を日本へ送る。

その後、呉金井、劉恩澤と詳しく伝票の整理を行うが、例のごとく漢字ばかりの伝票だから、遅々として進まない。何度も何度も伝票を確かめながら整理するが、はかどらない。通訳の唐人竜がいたので、彼らも大きくはごまかせない。激しいやりとりが続き、遂に精算が終わる。ロケ費用の限度８００万円は超えて、９００万円ぐらいになった。

それよりも残された大きな問題は、林翠の芸名問題が解決し、彼女をスムースに日本におくりだすことができるかどうか、ということである。

●11月7日

最後の大精算、ホテル代の支払いが残っている。トニー揚という男は柔らかな物腰の人間だが、一番したたかだった。急かしてもなかなか現れず、こちらはいらいらする。その揚が現れたのは午前2時頃だった。もの凄く高い金額になっている。呉金井を間に入れて値切りの交渉するが、頭が朦朧としてついにわずかの値切りしかできず、これも揚の巧妙なじらし作戦だと気づき、改めて恐怖感が背筋を走った。

●11月8日

林翠のビザもどうやら間に合って、おれと田中と林翠は機上の人となった。

香港を去る時、心残りはなかった。東から西まで隈なく走り尽くした香港の街は、灯が暮れかけていた。ふと窓から香港の街を見下ろすと、火事があって工場らしい建物が燃えている。空が真っ赤だ。

ああ、おれは1か月間何をやっていたのだろう。ロケ費用の番人だっただけなのか？ 幾百艘の船の舫いするあの海上の街の、あの濁った水よりも苦しい労働があっただけなのか？ それ以上振り返る余裕はなかった。しかし、あとで思えばこの経験は、おれのその後の人生に大概のことが起こっても驚かない度胸をつけてくれたようにも思える。

●追記

香港ロケ費＝持ち出し１２５６万円、使用金１０６０万円、残１９０万円。
香港東京銀行から残金の送金あり。
11月13日、無事に林翠を香港に送り返す。
11月28日ＰＭ３時、本社映写室で初号試写行われる。

（ロケ日誌終わり）

第10章　『いれずみ無残』

――脱大船調、興業第一主義へ

U企画室長の登場

昭和40年（1965）を過ぎた頃であろうか。松竹製作本部には大きな変化が起こりつつあった。不振を極める映画界の潮流は、テレビや台頭するレジャー産業に押されて喘いでいた。そして、この不振を打開すべく開かれた重役会議で、「どうもプロデューサー連中の出す企画は、興業や営業の実態を知らないものが多い。したがって、これからの難局を乗り切るには営業部出身の人間に企画を任すべきだ」という方針が決められたらしい。

そして早速、Uという大阪支社ナンバーワンの営業マンが、テレビ室長から映画部門の企画室長として登場してきたのである。このUの主張は、従来の大船調では成績が上がらないから、これからは、なんでもいいから売り上げ第一主義の企画に徹するということだ。

そしてこのUという人物が、驚いたことに、こちらが大阪支社に配属された時、『喜びも悲しみも幾歳月』などの黄金期に、会計の窓口からどんどん札束を放り込んでいたあのナンバーワン営業マンだったのである。思い出せば札束にはいつも「営業部U」という名前が踊り狂っていて、なんと凄まじいセールスマンがいるなあと感心したものだった。

新企画室長になったそのUが、ある日「斎藤君、高木彬光の『羽衣の女』をやってくれ。監督は東映の『ひも』（65）を作った関川秀雄にする」と言う。

どういうストーリーかと思って原作を読むと、これまでの松竹作品にはなかったような凄まじい男女の悲恋物語である。羽衣の天女の入れ墨をした和島小夜という女と、弁天小僧の入れ墨をした森新之助とが、同じ刺青師であるという宿命的な出会いによって男女の歪んだ関係が生まれる。この2人が組んでパトロンに対して詐欺を働き、その後もつれにもつれて、ついには、房総の海で刺し殺し、結果、獄中に繋がれた小夜は華麗な天女の羽衣の刺青の皮を残して餓死するという内容だった。実話に基づいているらしく、残された刺青の皮の写真が本に載っていた。

それほど悪い作品だとは思わなかったが、ともかく内容がどぎつくてどろどろしている。とうていこれまでの松竹作品にはなかったジャンルのものだ。

『羽衣の女』の原作者である高木彬光といえば、『ジンギスカンの秘密』や『破戒裁判』『刺青殺人事件』などの異色の作家だということは知っていたが、この作品は映画にした場合、一歩間違えばエログロという奈落の底へ転落しかねないきわどさがある。

だが、U新企画室長が意図しているのはただ一つ、女の背中に彫られた天女の羽衣の物語で、倒錯した妖しいエロティシズムを観客に提供し、これまでの大船調をうち破ることにあった。同時に、興業成績至上主義の新しい路線を開こうとしている、という狙いは、おれにもはっきり分かった。

そして、その先兵に立たされたのがおれと沢村プロだった。

「松竹の新しい〝もがき〟が始まったな」と思ったが、京都撮影所・娯楽路線出身のおれには、大船調というものがよく分からないから、たまには、そういうこともやってみる必要があるかも知れないと思って、気持ちを割り切ることにした。

しかも、監督が『きけわだつみの声』(50) を作った関川秀雄で、シナリオが下飯坂菊馬なら、エログロ映画にはならないだろう、ぎりぎりなんとかなるかもしれない、という思いで仕事に取りかかった。

この時、一方で、大きな問題になったのは、伝統ある松竹演出部としては、外部から監督（関川秀雄、加藤泰など）を招くことに大きな抵抗があり、それを快く思わない監督や助監督も多かったことである。そのため、演出部の抗議が所長室に届いたらしかったが、これも演出部に刺激を与えるというUの考えの一環だったはずである。

『いれずみ無残』の主人公、和島小夜には会社の方針で、グラマーな肉体を誇る荒井千津子が当てられた。大部屋女優の抜擢である。その他、松岡きっこ、端役ながら藤田憲子(若・貴兄弟の母)も配役された。相手の男優は川津祐介だった。その他安部徹、岡田英次などが出ていた。

刺青の現場

だが、撮影を開始するにあたって最大の問題は彫師（入れ墨師）を誰にするかという問題である。この人選を誤れば、一挙にエログロ映画になる危険性がある。どうしようかと思っていたら、制作主任の馬道が、原作者に聞いてみた方が早道だというので高木彬光氏に尋ねたら、2代目彫芳がいいと言う。

その彫師は芝白銀に住んでいて、訪ねてみると温厚そうでハンサムで、とても入れ墨を入れるという荒技をする人には見えない。一方、奥さんは小柄な人だったが、どこかぴりっとした緊張感を感じさせる人だった。

参考までに、これまでの作品を見せてもらうと、想像以上に芸術性に溢れるものだった。浮世絵のような色彩で、しかも人間の肉体の隆起を巧みに生かしながら、独得の世界を作りだしている。銭湯などで見かける安物の刺青とは全く世界が違っている。

ちょうど仕事をしているところだったので、現場を少し見せてもらった。

彫ってもらっているのは女の子だった。水商売の女なのか、そして度胸が座っているのか、我々が部屋に入ってもぴくとも動かない。

細い電気の針が微かなうなり声をあげて女の子の肌に食い込んでゆき、血が滲んでくる。すると、それを薬用ガーゼで拭きながら、今日の予定分の1センチ四方を丁寧に彫り進んでゆく。

黒く束ねた髪を横に投げ出し、枕に首を乗せて横たわる女の下半身には、みごとな彫り物が息づいている。女の体と直角の位置に座って2代目彫芳は無言のまま彫りつづける。そこにはこれまでお目にかかったことのない不思議な世界が浮かび上がっていた。横を向いて目をつぶる女の顔が妖しく、美しい。このおれでもくらくらするのだから、この女の肌に、男心を狂わせる人間の気持ちもよく分かるような気がしたが、その女の素性は分からなかった。

だが一方で、大船調をうち破ろうとする『いれずみ無残』の現場の仕事は、その夢幻の世界にさまよっている閑はなかった。まず馬道制作主任が、芝白金の彫芳宅まで、社用車で迎えに行き、大船の「好養」という旅館に来てもらう。

それも撮影の前日の夜に来ていてもらわねばならない。なぜなら朝の撮影は9時から始まるので、その前に彫り物が仕上がっていなければならないからだ。荒井千津子を布団の上に横たえて2代目彫芳の繊細な筆が動き始める。

撮影だから、実際に彫る訳ではなく、下絵のように体に天女の絵を描いてゆくのである。

しかし、困ったのは、連日のように、原作者の高木彬光氏がその場にやってきて、じっと座ったまま動かないのである。

おれは、あんまり傍にいてもやりにくいだろうと思って、できるだけ、部屋には入らないようにしていたのだが、時々覗いてみると、高木氏の目が爛々と輝き、指に挟んだ煙草がぶるぶると震えている。

この人は『羽衣の女』や『刺青殺人事件』を書いたのだから、人一倍妖しい刺青の魅力に惹かれるのだろう。何しろ原作者なのだから仕方がないだろうと思っていたら、来る日も来る日もやって

『いれずみ無残』撮影現場でキャストとスタッフ。前列中央に松岡きっこ。その後ろに関川秀雄監督、その左に荒井千津子。後列左から4人目が筆者、6人目が原作者の高木彬光氏

きて、傍を動かない。

ついに、一緒に来ている彫芳の奥さんが、どうも高木さんは長くいすぎるから何とかしてくれと言う。馬道主任も、2代目の奥さんの言葉を無視したのでは、彫芳師匠も仕事を投げだしかねない、そう思って、2人で何とか説得したら、それ以後はあまりやってこなくなってほっとした。

ところが、もうひとつ厄介なことが起こった。なにせ、映画の内容が組んずほぐれつの情痴の場面が多く、せっかく美しく描き上げた天女の羽衣が、撮影後は無茶苦茶になってしまうのである。

それを見た2代目彫芳は自分が精魂込めて描いたものが無残な姿で帰ってくるのを見ると、はげしい怒りに駆られ「もう少し、ていねいに扱ってくださいよ」と哀しげに言う。

大人しい人だからそれ以上は言わないが、奥さ

んがご主人の気持ちを察してか、「監督さんに伝えてくださいよ」と言う。

この小柄な奥さんは、旦那の命を奪おうとしてやってきたやくざの前にたちはだかり、「殺すなら私を殺せ」と叫んだというぐらいの人である。

そこで、監督に「激しい情痴の撮影だから、乱れるのは分かるけど、もう少し天女様をていねいに扱ってくださいよ」と頼んだ。入れ墨は撮影中、何度も何度も描き直さなければならなかったが、現場と2代目彫芳の間に立って両方をなだめながら進める危ない日々が続いた。

グッドネプチューン

だが、爆弾はそれで終わらなかった。また大きな問題が起こった。

クランクインして4、5日して、小杉カメラマンが「監督はひょっとしてアル中じゃないんですか？　朝から酒の匂いをぷんぷんさせていますよ」と言う。馬道主任に尋ねると、「まあ、スタッフルームに行ってみたら分かるよ」という。

行ってみると、おれの顔を見てにこっと笑い、「斎藤君、まあ一杯どうだい。これを飲めばグッドネプチューン（海の神）だ」などと訳の分からないことを言いながら、机の下に隠してある一升瓶と茶碗を出してぐいっと飲んだ。

「監督、朝っぱらからでは、スタッフにばれるんじゃないですか。夜にしてくださいよ」と言うと、

「大丈夫、大丈夫、しっかり仕事はしてるから」と言う。小杉カメラマンに現場での様子を聞くと、「まあまあ仕事は何とかやっていますがね」と言う。

関川監督は、佐渡の生まれで、おれは新潟の村上の生まれだから、多少の親近感がある。「この監督、酒で身を持ち崩さなければいいがな」と思ったが、とりあえず仕事が進んでいるならこのまま様子を見ようと思った。

ところが、撮影が大詰めに近づき、房総の鴨川海岸で最後の場面、小夜が詐欺師の新之助（川津裕介）に絶望して海に身を投げるというシーンが始まった。折しも房総の海は嵐の直撃を受けてまるで津波のような波が打ち寄せて来る。そこへ天女の羽衣の刺青を波に洗われながら小夜が飛び込んでいく。寒い冬だったと思う。

関川秀雄監督（右）。宣伝部の藤谷正夫氏と

撮影現場へ行ってみると、その大波を背中から浴びながら、あの関川監督が仁王のような顔で立ちはだかり、「いいか、いいか、いくぞ」と叫びながら足を踏ん張っている。だが、朝のネプチューンがまだ残っているのか、ふんばっているつもりだが体が大きく揺れている。

「監督、危ないよ！」と馬道が怒鳴っても、足を砂の中にめり込ませ両手を広げて立ちはだかっている。どーんと大波が容赦なく被ってくる。これはもう危ないと思って、馬道が飛び出して行き、監督を突き飛ばすようにして、磯の上に引きずり上げた。

その後は、小杉カメラマンが頑張ってなんとか最後まで撮ることができた。砂の上に横たわって荒い息をしている関川監督の姿を見ながら、さすがにあの壮烈な映画『きけわだつみの声』を作った人だなあと思った。

それにしても酒で大分体をやられているのも、この人も、自分の撮りたい作品がやれないという時代の苦しみに苛まれているのではないだろうかと気の毒に思われた。

『新　いれずみ無残　鉄火の仁義』

『いれずみ無残』は興行的に当たったのであろう。もう一本やってくれということになった。『新いれずみ無残　鉄火の仁義』（68）である。

監督、脚本、カメラ、配役も前回と大体同じだったが、こんどの主人公は、高級コールガールで、背中には、赤い獅子を彫っているという設定だった。

おれはこういう作品は何本もやるべきものではないと思ったので、あまり熱心に仕事をしようとは思わなかった。監督にもあまり顔を合わせないでいた。

それでも時々会うと、「冷たいやっちゃなあ、グッドネプチューンだ、ほれ一杯やれ！」などとまた訳の分からない言葉を発して、茶碗酒をすすめてくる。冷たくあしらった訳ではなく、この監督には、もっと別な社会派的な作品をやってもらうべきだという同情的な気持ちがあったからである。撮影のラストは、京都の嵐山・渡月橋の上である。朝早く4時頃から撮影開始となる。血だらけになった刺青の男（園井啓介）と女が、悲鳴をあげながら恋敵（夏八木勲）を刺し殺す。そういうシーンだから、もちろん通行止めにして行われる。

しかし、撮影がうまくいかないので、通行止めを食った連中の中には仕事にゆけず、いらいらしている。その中には気の荒いダンプのお兄ちゃんなどもいる。何度も繰り返される撮影にしびれをきらしたのか、そのダンプのお兄ちゃんが大声で、「ハダカ見せて金取るか、パカ！」とか何とか叫んだ。

それを聞いた馬道も、イライラしていたのか突然、そいつの胸ぐらを掴んで、「ちょっとこっちへ来い」と松並木の方へ引っ張って、それっきり夜になっても帰ってこない。ようやく深夜に帰ってきたので、「どこへ行っていたんだ」と聞くと、「あいつと殴り合いの喧嘩になってしまい、警察につかまって今まで留置所に放り込まれていた」と言う。やくざ対策は松竹も十分やっているので、その筋から電話があって釈放されたらしい。

「喧嘩まですることもなかろうに」と言うと、「いや、それが、留置所であいつと映画の話をして、すっかり意気投合してしまった。差し入れのタラコのにぎりめしをあいつと分け合って食べてきた」などと言う。

どっちもどっちだ。

『新　いれずみ無残　鉄火の仁義』は、どんなストーリーか詳しいことは忘れたが、ラストシーンは、何百何千と墓が並ぶ有名な阿弥陀寺の墓地の間を、刺青の男女が歩く状景だったと思う。まだ明るい昼間なのに、点《とも》されたたくさんのろうそくが、嵐山の紅葉にゆらゆらと揺れていたことだけは、なぜかもの悲しく妙にはっきりと覚えている。

映画完成の後、十文字に寝そべって、刺青の肩を半分さらけだしているこの映画のポスターが大きく宣伝部の壁に張られていた。たまたまそれを通りかかった城戸四郎社長が驚いた顔をして立ち止まり、それから深々と椅子に座って、しばらく見詰めていた。

やがて、何か諦めたようなかすかな笑いを浮かべて立ち去ったのが、いまでも忘れられない。

「こんな映画を作ってはいけない。成績第一主義は分かるが、長い間自分が築き上げてきたものとは全く違う。しかしながら、そういう時代がやってきたのか」というような自嘲的な笑いに見えた。

一方、関川監督もその後あまり作品に恵まれぬまま、昭和52年頃亡くなった。

その頃、おれは松竹を辞めて別な仕事についていたので、詳しい消息を知らないままだった。

この『いれずみ無残』という作品は、あまり後味の良いものではなかった。しかし、自分自身が、御年36か37歳、映画という斜陽の仕事場で生きる身には、あの作品は、やらなければならなかった会社命令だった。おそらく、関川監督にとっても辛い仕事だったであろう。

そのことを聞こうとしても、グッドネプチューンの佐渡の人はもういない。

血だらけの『めくらのお市物語　真赤な流れ鳥』

その後、最後の京都出張作品である『めくらのお市物語 真っ赤な流れ鳥』（69）というのを担当することになった。

原作は、棚下《たなか》照生《てるお》の劇画である。これもまた大映の真似で、勝新太郎の座頭市の女性版である。東映の真似から、リバイバル、さらに大映の真似では能がなさすぎると思ったが、ほかのプロデューサーは、東宝のゴジラを真似して『吸血鬼ゴケミドロ』（68・佐藤肇）とか、『宇宙大怪獣ギララ』（67・二本松嘉瑞）というのまで作らされていたので、こちらの方がまだましだと思わざるをえなかった。

『めくらのお市物語』は、東映の松田定次監督でやることになり、主演は、テレビの『琴姫七変化』をやった松山容子だった。

映画化の了承を取るために原作者の棚下照生に会ってみると、これがまん丸い顔をした大きな体の男で、髭だらけの顔でガハハと笑う。売れっ子劇画家として締め切りに追われているのか、どこか黄色な顔をしていた。

数日後、いろいろ準備を終えて京都に行き、無事クランクインした。

ほっとしていたが、ある朝、撮影所へ行ったら、松山容子がまだスタジオに入っていないと騒いでいる。彼女は真面目な俳優だから何があったのかと心配していたら、病気で倒れてしまったらしい。

詳しく聞いてみると、彼女の真面目さが病気の原因だということが分かった。

この作品の撮影は、ロケーションの立ち回りシーンが多く、しかも京都郊外の野原で行われることが多かった。したがって、人家から離れた草っぱらにはトイレがない。我慢し過ぎたためか、きつい膀胱炎を起こしたらしい。

そのため撮影は1週間ほどストップせざるを得なくなってしまった。だが、彼女が主役だから治るまで待つより仕方がない。そこでおれは、製作本部と善後策を立てるために上京した。すると、高血圧部長に代わってやってきた新任のM本部長が、斜め下からじろりとおれの顔を舐めるように眺めたあと、「斎藤、お前はいまついていないから、誰かに代わってもらうぞ」と言う。

これには腹が立った。おれがついていないから、松山容子が病気になったわけではあるまい。

「ああ結構ですよ」と言ってその日は家へ帰った。しかし、だれも代わりをやろうとはしない。

プロデューサーの間でも、本部長が、おれがついているとか、ついていないとかというのは馬鹿な話だと、よく分かっていたのかもしれない。

だれもやるものがいないので、再びやれということになって、1週間後、京都へ帰った。しかし、松山容子は回復したが、今度はおれの痔が悪化して、出血するようになってきた。医者へもゆけないまま、ティッシュペーパーで尻を抑えながら仕事をしなければならなかった。

トラブルは重なるもので、ある時、Mというあるプロダクションの男に呼び出され、「松山容子は、『琴姫七変化』というテレビでおれが育てた子飼いの俳優だ。それを、松竹は何の挨拶もなくて、それでいいのか」と机を叩いて怒鳴りまくるのである。

しかし、この仕事に入る前に、本社のH部長には、「Mとは話しがついているんですね」と念を押してきていたので、今さらこんなふうに言われる筋合いはない。

このMという人物は、昔、松竹の役者引き抜き騒動で、重要な役割を果たした人間だという噂は聞いていたが、そんなことはおれには関係ないことだ。

「それじゃ本社のH部長に電話してみましょうか」と言うと、にわかに、それは「止めろ」という。あとで、よく調べてみたら松竹とは話がついているのだが、自分の育てた女優がとられたような気がしたのであろう。その鬱憤をおれにぶっつけてきたらしい。

後で、H部長に電話したら「放っておけ」と言うので、そのまま放っておいたら何も言わなくなった。

一方、原作者の棚下照生という男がこれまた変わった男だった。なぜか知らないが、たくさんの訳の分からない中年女たちが、彼を嵯峨野の宿の寝床まで押し寄せてくる始末。中年女がわいわい

シリーズ２作目『めくらのお市　地獄肌』前列中央に松山容子、その右が松田定次監督。筆者は最後列の左端

言いながら彼を追っかけてきて朝になるまで帰らない。

独得な男性ホルモンがこの男の体から出ていて、それが女をひきつけるのかどうか。その理由は、今でもよく分からない。

それはそれとして、彼が「ワンシーンでもいいから出演させてくれや」と言うので、監督に話して、風呂上がりの男が手ぬぐいを肩にかけ、通りすがりのお市を見て、「おっ、いい女だな」と言う短いシーンを作った。

本人は喜んで出演したのだが、それがきっかけとなったのかどうかわからないが、いつのまにか、松山容子と結婚してしまった。

おれはあっと驚いた。なぜなら、棚下照生は風船玉のような円い顔をしてガハハと笑う髭面の大男である。とても、松山容子とカップルになるような男には見えなかったからである。男女の仲は分からないというのは、こういうことなのであろう。

だが、2人は、棚下照生が亡くなるまで仲良く一緒だった。

おれは、この作品が終わるのを待って、横浜の松島病院で痔の手術をすることになった。痔は切ったあと傷口を縫わないらしい。2、3日は出血しても放っておかれた。

そのあと家へ帰ってしばらくした頃、なぜか不思議な下血に見舞われて、救急車で茅ヶ崎の徳州会病院に運ばれた。

原因は痔が治ったと思って安心し、ある夜、サントリーの角ビンを大量に呑んだために十二指腸が破れたらしかった。1週間ほど入院したら治ったが、どうも『めくらのお市物語』には、血だらけの思い出がつきまとって離れない。

ちなみに、この作品は『――真っ赤な流れ鳥』という題名であった。かくて、しがないプロデューサー生活も、やや血だらけの終末を迎えつつあった。

第11章　『続　男はつらいよ』——シリーズ化に一役？

山田洋次のドラマツルギー

その後どういういきさつか、『続 男はつらいよ』(69)という山田作品を担当しろと言われた。

こちらも、どうのこうのといっている場合でもないので素直に担当することになった。彼は、すでに『馬鹿が戦車(タンク)でやってくる』(66)とか『運が良けりゃ』(69)などを作っており、かなり良い作品だったが、直接の製作担当者となると、どこか気合いが入らないのである。なぜかよくわからない。だが、野村監督とは問題があったので、その二の舞にならないようにと思って、仕事に専念することにした。

始まると、この監督は、シナリオづくりの段階で、ほかの監督に比べて2倍も3倍も粘り強く、しつこく、執念深かった。たとえば、これをせんべいを焼くことに例えれば、ほかの監督が、2回か3回しかひっくり返さないところを、20回も30回もひっくりかえして、とことんまで焼きあげる、そういうやりかたであった。

焼き上がるせんべいは立派だったが、気の短いおれには、とても付き合いきれなかった。それでも、赤坂の旅館に集まって、みんなの意見を聞きながら、一歩、一歩、あっちへ行ったり、こっちへ行ったりしながら、シナリオをつくるので、遅くまでつきあうことが多かった。

その中で気づいたことは、彼のドラマツルギーというか、さすがに「寅さん」という人間を描くにも、独得の工夫をしているなあと感心させられることがあった。

細かいニュアンスはともかく、話しの大きな筋立てには、落語の八っあん、熊さん、それに、長谷川伸の『瞼の母』、加えてチェホフのリアリズムという、3本の柱がミックスされてあの「寅」というキャラクターがミキサーの中から浮かびあがってくる。おれは勝手にそう推察した。

当たっているかどうかは、わからないが、『続 男はつらいよ』のストーリーにはそんな匂いが強くした。

この作品については改めて説明することはない。48本も続いた国民的人気映画であり、内容はおれよりも観客の方がよく知っているからだ。

『続 男はつらいよ』のストーリーは、久しぶりに柴又へ帰ってきた寅さんが、昔可愛がられた、坪内散歩先生（東野英治郎）とその娘夏子（佐藤オリエ）に出会って、恋人（山崎努）のいることも知らず夏子に惚れて、しまいに振られるという話だ。

一方で、寅は生まれたときからお目にかかったことのない、生みの母が京都にいるということを知り、ようやく尋ね当てて再会するが、その実母がラブ・ホテルのオーナーで、『瞼の母』よろしく、大げんかになってしまう。

また、散歩先生が「江戸川の天然ウナギを食べたい」と言い、寅がしぶしぶやっと一匹釣って帰ると、先生が椅子の上で死んでいた。

その後、いろいろあって、葬式終了後、どこへ姿を消したかと思った寅が、京都三条の大橋でミヤコ蝶々の母親と会っているのを、新婚旅行の夏子夫妻が見かけるが、声をかけずに去るという話である。

寅さんの母親役・ミヤコ蝶々

そこで、キャスティング問題に戻るが、ミヤコ蝶々さんがこの役にぴったりだと思って監督は書いたのであろうが、いざとなると、蝶々さんは超売れっ子だったので、スケジュールが忙しすぎてどうにもならない、さりとてほかの人ではぴったりこない。

おれは京都撮影所にいたことがあるので、関西商法のコツは多少知っていた。そこで、プロダクションのマネージャーに、何も言わずに、いきなり「なんぼだ?」と切り出した。

相手も驚いて一瞬、口籠もったが、何かを直感したのか、思わず「200万だ」と言った。3日で200万だからかなり、ふっかけられているが、この際どこかのスケジュールを壊してでも出てもらうのだから仕方がない。「よし、それでゆこう」とおれは、心を決めて言った。相手も驚いた様子だったが、「わかった」と言った。彼も、承知した以上、どうしてもこちらのスケジュールを合わせざるを得なくなり、結果、みごとに都合してくれたので一件落着した。相手のマネージャーは、たしか、松竹芸能のTさんという人だった。

しかし関東（大船）ではこうはゆかない。ギャラのことよりも、役にこだわる。また、ポスターの順番、トリだとか、字の大きさなどにこだわる。つまりメンツにこだわることが多い。『男はつらいよ』もまだシリーズが始まったばかりだから、関西では山田洋次監督といってもピンとこない時だった。だから、ここでは大阪商法を使わなければならないと思ったのである。

思い返すと、あの『白い巨塔』（66・山本薩夫）の財前五郎を教授にするため、義理の父親が、「東京が権力でくるなら、こっちは金で解決してやる」と叫ぶのと同じようなことを、おれもやっていたのだなあと、いささか反省した。

散歩先生役の東野英治郎

もう一つ重要な配役が、散歩先生役の東野英治郎さんのことだった。

これもまた、この人でなければ、余人をもって変えがたい。だが、蝶々さんと同じようにスケジュールが一杯でどうにもならない。俳優座のマネージャーと話しあってもラチがあかないので、直接本人と交渉するしかないと思って、飛行機で峰制作主任と一緒に京都へ飛ぶことにした。

行ってみると、テレビ『水戸黄門』の出演中だった東野さんは、無理なスケジュールでへとへとのようだった。しかし、こちらも引き下がれない。無理を承知で何度も頼んでいると、粘り勝ちしたのか、段々折れ始めてきた。

そして、「まあ、ビールを一杯飲め」と言いながら、あの名優が、延々とぼやくのである。「お前たちも歳取れば分かるだろうが、テレビのスケジュールはきつい。死ぬほどきつい」と、いかにもしんどそうに言うのでこちらも気の毒になってくる。

「そうですね」となだめながら黙って聞いていると、根負けしたのか、最後に「仕方がない、行こう」と言って、出てくれることになった。

それにしても、散歩先生が酒を呑みながら寅を前に、「人生相見ず動《やや》もすれば参《しん》と商の如し、〜明日山岳を隔つ、世事両《ふた》つながら茫々《ぼうぼう》」と杜甫の詩を詠ずるところは、はかない人生の出来事を嘆くようで絶品な演技だった。

映画界では、第2、3作の出来が、その後のシリーズの運命を決めるというジンクスがあるが、この2つの配役がうまくゆかなかったら、あの作品もあれほど成功しなかったのではないかとも思われる。

蝶々さんと東野さんを、無理なスケジュールの中で配役することができたのは、担当者としても、多少の自負があったが、それは、ほかの人間から見れば当然のこととしてとるのであろう。おれたちの苦労は、話題に上ることもなかった。

第12章　大船の新しい風

大船ヌーベルバーグ

昭和35年（１９６０）頃から、新しい風が吹き始めていた。

当時、映画記者だった長部日出雄は、これをヌーベルバーグと名づけたらしい。大島渚、篠田正浩、吉田喜重などの登場である。それぞれの監督によって、『青春残酷物語』(60)、『乾いた湖』(60)、『秋津温泉』(62)などが発表されたが、京都撮影所のおれには、彼らの顔もあまり知らず、話したこともなく、どこか関係のない出来事のように思っていた。

そのうちに３人とも、松竹から独立していったが、改めて考えてみると、彼らと全く関係ないこともなかった。冒頭で述べた『白きたおやかな峰』の一件でも、篠田正浩でやる予定だったし、松竹を辞めたあと、大島渚とは新宿の日本映像記録センター（映像記録）で何度も会ったことがある。

〈大島渚〉

大船へ移ってきた始めの頃だった。ある日、向こうから、戦車が砂埃を上げてやってくるような、あるいは狸の大将が八百八狸を従えるような雰囲気で、でっぷり太った男が歩いてきた。「あれは誰だ」と傍の仲間に聞いたら、大島渚だと知った。

なるほど、今売り出し中のヌーベルバーグの一人か、なかなか迫力があるなあと思ったが、すれちがっただけで何の会話もなかった。しかし、彼の作品は嫌いではなかった。『愛と希望の街』(59)、『青春残酷物語』、『太陽の墓場』(60)とか、『日本の夜と霧』(60)なども迫力があったが、これはやがて城戸四郎路線と真っ向から対立するなあと思っていたら、案の定、『日本の夜と霧』の上映早期打ち切りを巡って対立し、やがて松竹を辞めて独立してしまった。

彼の作品のなかで、おれが最も感心したことは、『日本春歌考』(67)で、江上波夫の「騎馬民族説」を語らせたということである。日本の天皇家の出自が朝鮮半島から南下してきた騎馬民族にあることを、映画の中でとりあげていることは、彼の歴史観が当時の常識を打ち破る高いレベルにあったことに、おれは大きく感じ入ったからである。

しかし、なぜかヨーイ・スタートをかける声が、『パイナップル部隊』の内川清一郎と同じく、全身から絞り出すような、いたく大声であることが気にかかって仕方がなかった。体のどこかの血管が傷むのではないかと思われたからである。

〈篠田正浩〉

篠田正浩という男は、安もんプロデューサーのおれから見れば、万事恰好よすぎてどうにもならないような感じだった。学生時代は、早稲田の駅伝のランナーとしてもてはやされ、篠田桃紅という有名な書道家の親族を持ち、岩下志麻と結婚し、あまつさえ寺山修司に脚本を依頼(『乾いた湖』

し、颯爽と映画監督として登場したのだから、どこから見ても非の打ちどころのないサラブレッドに見えた。

だが、『涙を、獅子のたて髪に』(62)、『心中天網島』(69)とか、『はなれ瞽女おりん』(77)などの勝れた題材と出会いながら、これが篠田だという決め手に欠けていたように思われる。『暗殺』(64)の清河八郎(丹波哲郎、原作＝司馬遼太郎『奇妙なり八郎』)を見ているとそれがよく分かった。渡り廊下にぶら下がる吊り燈籠がゆらゆら揺れて、極めて美しい映像美の世界を映し出していたが、映像美が華麗であればあるほど、「奇妙なり八郎」がかすんでゆく。

万事あまりにも恵まれすぎると、火事場の馬鹿力に不足するのだろうかと残念に思った作品が多かった。

〈**吉田喜重**〉

この人は、ヌーベルバーグのなかでも妙に気にかかる人だった。

ある日、撮影所を歩いていると向こうから吉田監督がやってきて、こちらが初めて会った人間なのに、「やあ斎藤さん」と声をかけてきた。「どうも今日は」と挨拶したが、どうしておれの名前を知っているのかは分からなかった。しかし、どこか優しそうな風貌の人だった。

彼もしばらくすると、岡田茉莉子と一緒に松竹を離れていった。『ろくでなし』(60)とか『血は渇いてる』（60）とかの反松竹調の作品を撮ったあと、『秋津温泉』という松竹的な作品も撮って、主人公新子には涙を流させる哀れさを描いた。

その後、『エロス＋虐殺』（70）で大杉栄と伊藤野枝の物語、三國連太郎を使って『戒厳令』（73）という北一輝を描いたもの、『人間の約束』（86）という認知症の問題、あるいは『嵐が丘』（88）という能の美を駆使した作品など異色作を撮り続けた。

全部見たわけではないが、現代史の暗黒面に切り込んだ作品は、なぜかおれの心をかきたてる題材ばかりだ。

ヌーベルバーグを支えた3人の女優

吉田喜重監督と岡田茉莉子

おれの勝手な見解だが、これらのヌーベルバーグの活躍を支えた陰の力は、小山明子、岩下志麻、岡田茉莉子の3人の女優だったと思っている。女優の側からみて、この3人（大島、篠田、吉田）が新しい映画界を切り拓く逸材と見込んで協力を惜しまなかったのであろう。
したがって、ヌーベルバーグは、3人の女優がいなかったら、あれほど自由な作品は生まれなかったのではないかと思っている。

映画史上、ヌーベルバーグを語る人があれば、彼女たちの力が大きかったことを併記すべきであろう。

森﨑東のこと

一方、ヌーベルバーグは別にして、京都時代から知っている森﨑東の『喜劇　女は度胸』(69)、『喜劇　男は愛嬌』(70)などの作品が面白いと思っていた。

彼は山田洋次と並んで、その才能を城戸社長が大きく評価していた。山田洋次と似ているところもあったが、どこかが完全に違っている。何が違っているのかを考えてみると、どの作品も、見終わったあと、カラッとした男性的な明るさがある。『男はつらいよ　フーテンの寅』(70)も、山田作品とは違う森﨑東の世界が鮮明に浮かび上がり、傑作だった。

ある時、彼と仕事をやることになり、面白い作品ができると思いながらやっていた。題名は未定だった。そして、新潟県の海辺、瀬波温泉に宿を取り、灘千造さんがシナリオづくりを始めることになった。村上の瀬波温泉は、おれの生まれた村の近くである。

そんな時、亡くなった父親がそこへ挨拶に行ったそうだ。父親も、息子がどんな人たちと仕事をしているのか、知りたいと思って訪ねたのであろうか、「変わった人たちだなあ」と思ったと、後で言っていた。

瀬千造さんは、腕は確かなのだが、書くのが遅い。あとで聞くと、瀬波の芸者連中といい仲になって、遊び回る時間が多くなっていたらしい。彼は芸者たちと村上の小料理屋へ足繁く通い、特に鮭のイクラを三重に敷き詰めた「海舟丼」が好物だったと小料理屋の夫婦が後で言っていた。

しかし、千造さんも、全く遊んでばかりいたわけではなく、1週間に12～13枚は何とか書いて送ってくる。読むと、やはり並みのライターとは違う面白さがある。これなら、あまり急がしてもいけないなあと思って、出来上がりを辛抱強く待つより仕方あるまいと覚悟していた。

だが、そうした中、途中で会社が、「わざわざ遠くの瀬波温泉まで書きに行ってるのだから、大体のニュアンスが分からないと、併映番組が組めない。途中でもいいから、シナリオを早く見せろ」としきりに言う。

催促があまりしつこいので、それに多少、内容をつかんでもらう必要もあったので、書きかけのものを見せた。「まだ途中の作品だから」と言っても、「いいから、社長に見せる必要があるから」と無理矢理持っていってしまった。

あとで、森﨑東が、「社長に渡す前におれに渡してくれれば、うまく直して通るようにできたのに」と言ったが、もう渡してしまっていたのでどうしようもなかった。

その書きかけの原稿に忘れられないシーンがあった。

それは、病気になったオカマの芸者が、頬紅を塗って死化粧し、哀れにも『佐渡おけさ』を歌って死んでゆく――という、シーンがあった。これは、いままでお目にかかったことのない絶賛すべきシーンだと思ったのだが、その大事なシーンが、城戸四郎社長の神経に触れたらしい。大船調ではないからであろう。

そして、「森﨑という有望な演出家の将来のために、こういう作品はやらせるべきではない。担当プロデューサーは何を考えているのか」とか言われて、突然製作中止になってしまった。これに対して、本部長も反論しなかったようだ。

こちらは「何が、大船調だ」と思ったが、これは、かつて小林正樹監督の『壁あつき部屋』(56)を3年間オクラにした(巣鴨プリズンにおけるB・C級戦犯を扱った。在日米軍に対する配慮があったとされる)時と同じように、小林正樹という将来を期待される監督だからあえてオクラにするという、城戸大プロデューサーの独得なやり方であった。

〝大船調〟といえば、かつて今村昌平監督が、脚本の野田高梧から、「汝ら何を好んでウジ虫ばかり書く」と揶揄され、「上等だ、俺は死ぬまでウジ虫を書いてやる」と居直ったことを、自伝で読んだことがあるが、大船調ばかりが映画じゃあるまい。

それにしても、千造さんが書きかけた、化粧したオカマ芸者が『佐渡おけさ』を歌って死んでゆくというシーンだけは、森﨑東がどんなふうに演出するのか見たかったので、今でも鮮やかに浮かび上がってきて忘れられない。

あの時、担当プロとして「監督に見せないで渡すことはできない」と強引に押し切ればよかったと後で悔やんだが、すでに遅かった。

激しい血をひく作家

話しは変わるが、森﨑東は、京都にいた頃から〝おとっつぁん〟というふうに仲間から呼ばれていた。おとっつぁんと呼ばれても本人は自然に受け流していた。

ある時、熱海だったと思うが、「プロデューサーと助監督の懇談会」があった。その席で彼はしたたかに酔って、いつの間にか訳のわからない口論になった。口論ですめばよかったのだが、突然カッとなった森﨑は、止めようとしたSプロの顔をはり倒してしまったのである。

森﨑東監督

翌日、酔いから醒めた彼は、Sプロの前にばったりと手をつき「申し訳なかった」と深々と頭を下げ、事は収まったが、この出来事の背景には、隠された助監督部と企画室の深刻な対立が潜んでいたのである。特に京都では、企画室長・杉山プロの力が強く、助監督部は、長年、頭を押さえつけられていた状態だった。

その杉山室長の助手を務めていたのがSプロであり、その辺がごっちゃになり、彼に対して日頃の鬱憤が爆発したのであろう。酔いが醒めて、申し訳なかったと頭を下げる森崎東の姿が気の毒であったが、酒の席とはいえ、そういうときの森崎東は、決して妥協しない激しい気迫に満ちていた。

その後、彼は映画界の現実と戦いながら、『喜劇 女は男のふるさとヨ』(71)、『黒木太郎の愛と冒険』(77)とか、『生きているうちが花なのよ 死んだらそれまでよ党宣言』(85)、『女咲かせます』(87)、『ニワトリはハダシだ』(04)などの独自の作品を作りつづけ、作品の評価も高く、いろいろな賞も受賞していた。

全部の作品を見たわけではないが、作品には、底辺の人間の熱気が画面を破るように溢れ出ている。活動写真の荒々しさと、その底に人間の優しさが入り混じった案配で、そこへ島原の乱の子孫の血が加わって、煮えたぎっているような作品だ。

彼は、喜劇作品が多かったが、むしろ異色ドキュメント作品がふさわしい監督だったように思われる。不幸にも『おっちゃん・イエスの箱船』の企画は流れたが、実現していたら彼の傑作の一つになっていただろう。

話は別のことだが、森崎東の兄の湊氏は、終戦のとき、和歌山の香良洲海岸で割腹自殺したと聞いたことがある。これが彼の心に大きな衝撃を与えたにちがいない。『黒木太郎の愛と冒険』でも、主人公、統一の父親も墓場で切腹するシーンがある。

そうした激しい血をひく彼の映画づくりに〝オカマの佐渡おけさ〟を擁護できなかったおれは、やはりプロデューサーとしては失格者だったということだ。

あれから、時は流れて数十年、最近森崎東は自らが、軽い認知症を患いながら、『ペコロスの母に会いに行く』(13)という作品を撮って、『キネマ旬報』のベスト1に輝いた。作品をＤＶＤで見たが立派な作品だった。最後に玉ねぎが４個転がってきて「おしまい」という字が出た時、笑いとともにおれの腹の中に泪が流れ落ちた。

その後の助監督の消息

これは松竹を辞めてからずっと後の話になるが、どうしても気になることがあった。それは監督になる一歩手前にいたチーフクラスの助監督の動向である。

風の噂で聞いたところによれば、かつて『神火１０１　殺しの用心棒』で共に苦労した田中康義は、『ケメ子の唄』(68)という作品で一本立ちになったらしい。内容はよく分からないが、彼にふさわしい題材のようには思われなかった。その後、平成25年(２０１３)に小津さんの『東京物語』をデジタル修復監修して好評だったということは聞いた。

同じく『神火１０１　殺しの用心棒』で一緒だった三村晴彦は、『天城越え』という作品でデビューした。彼は昔、三島由紀夫の作品で、信州の御柱の祭りをとりあげた企画を持って、ひょっこりとおれのところへやってきたことがあった。命がけの捨て身の物語だった。おれは、密かに松竹を辞めようと思っていた頃なので、あまり親身になって相談に乗れなかったことが今でも悔やまれる。その後テレビで『信長の棺』（06）というのを作っていたが、力作だった。

水川淳三とは一本だけ『惚れた強み』（68）という作品をやった。このとき、大辻司郎という俳優がポスターの配列をトップにもってこなければ降りるとか言い出して、現場の撮影がストップしているという電話が入った。その時おれは珍しく風邪で家にいたが、どうにもならないから来てくれと、N制作主任が言う。体の節々が痛く、40度の熱を抱えて、やっとのことで千葉の房総ロケの現場まで説得に行ったことしか覚えていない。彼もその後、あまり自分にふさわしい作品にめぐりあえなかったようだ。

そのほか、京都から来た助監督のなかでは満友敬司という男が気にかかっていた。聞くと、吉幾三で『俺は田舎のプレスリー』(78）という作品を作ってデビューしたらしいと聞いた。おれに言わせれば、彼が崇敬する開高健の作品を撮らせたらよかったのにと思ったが……。

しかし、全体としてみれば、彼ら助監督連は、惜しむべき才能を十分に開花できないまま映画界の終焉に飲み込まれていったようである。

その後のプロデューサーたち

そうしたことは、残ったプロデューサーの人たちも同じことだった。

製作本部長が次々に変わり、撮影所長も次々と変わり、そのなかで頑張りつづけた人たちには、苦労なことだったたと思われる。

松竹はその後、山田洋次の『男はつらいよ』の独走となり、それはそれでおれには関係ないことであったが、ひとつびっくりしたのは、『男はつらいよ』の40何作まで、これにつきあいつづけたのが、ほかならぬ島津清プロデューサーだったということである。

島津清さんは、かつて京都で『番頭はんと丁稚どん』という喜劇を作り、おれはその助手をしていたことがあった。ヒットしそうな企画の勘とか俳優の選定とかに抜群の感覚を持っていた人だが、思うにこの人が『男はつらいよ』で重要な役割を持つマドンナの選定を、毎回一手に引き受けていたのではないかと思った。そういうことの上手な人だったからである。中条きよしを優男にしたような、柔らかい物腰で、柳に雪折れなしとばかりに、しなしなと長い間つづけられたことに尊敬の念を禁じ得ない。せっかちで辛抱のきかないおれなど恥ずかしい限りである。

もう一人、京都からの同僚だった杉崎重美プロは、野村監督と仕事をしていたが、その後社内の内紛に巻き込まれたり、いろいろ重なって膵臓ガンで亡くなってしまった。

これら全体の流れは、外から見ているおれには無責任な言い方をすれば、まるで太平洋戦争末期のように見えた。その末期症状として今でも覚えていることがある。

M本部長がある日、製作本部の部屋の一番目立つところに「自信と反省」という大きな字で書いた額をぶら下げたのである。「あれは何だ」と聞いたら、城戸社長の座右の銘だという。すると、時々城戸社長がやってきてそれを眺め、「M本部長もおれの心が分かっているな。よしよし」というような顔をする。

それを眺めてあきれ果てたSプロが、「あれを横に読んだ方が早いんじゃないの」と言った。

つまり「自信」と「反省」は2行に書いてある。これを横に読めば、「自らに反して、信を省く」となる。これが本当のところじゃないのと言って、呵呵と笑った。

それにしても、あの座右の銘は、妙に心の壁を打ち破るような、旧軍隊式の絶望の文字に見えた。

プロデューサーはつらいよ

『続 男はつらいよ』の後、テレビ『男はつらいよ』を作ったフジテレビの小林俊一監督で、第4作『新・男はつらいよ』(70)をやることになった。

この作品のストーリーは、一口で言えば、——たまたま名古屋の競馬場で、100万円ほど大穴を当てた寅が、名古屋から、タクシーを乗りっぱなしで、とらやに凱旋してくる。寅は、その金で、日頃世話になっている恩返しにと、おいちゃんとおばちゃんを、ハワイ旅行へ連れてゆくことにした。近所の人たちに、盛大な万歳三唱を受けて出発しようとしたところへ、ハワイ行きの金を旅行会社がごっそり持ち逃げして、ドロンしてしまう。

しかし、近所の手前、ともかくハワイへ行ったことにして、こっそり夜中にとらやへ帰って留守を装うことになる。隠れていると、運悪く、財津一郎の泥棒が入ってきて、口止め料の一万円を払わなければならない羽目になる。そして、泥棒の奴が、寅たちが家に隠れていることを近所の人にバラしてしまい、結局、寅さんは、近所の手前、いたたまれずに旅に出てしまう。

だが、そのあと、幼稚園先生の春子先生（栗原小巻）が、とらやへ下宿することになり、帰ってきた寅がこれに惚れるが、恋人が現れてまた振られ、旅に出る――。

『男はつらいよ』は、テレビ番組から始まったので、そのシリーズをやってきた小林俊一監督は、山田洋次監督とは、すこし違った手慣れた感じで、撮影が進められた。

寅が、春子先生と恋人がいっしょにいるとも知らず2階へ行き、「あっ」と叫ぶ声と共に、小巻先生にプレゼントした人形が階段から転げ落ちるというところや、水元公園で寅が小巻先生とボートに乗るシーンで、職工たちが「〽愛、あなたと二人……」とギターを弾きながら船で通り過ぎるところなどで、結構、観客を笑わせていた。

しかし、おれにはもうそれを笑っている余裕はなかった。この辺で、プロデューサーという仕事に対して心が冷め切っていたのである。

『男はつらいよ』が、松竹の中で、唯一、興行的にヒットしつづけることは結構なことであったが、それは、あくまでも、山田洋次という監督の業績であり、成功すればするほど、プロデューサーとしての仕事の意味は薄れてゆくことでもあった。この作品のプロデューサーは、もう誰がやっても同じことだ。辛抱の利かないおれには、それが厭だった。

次いで、第7作『男はつらいよ・奮闘編』(71)の頃は、その気持ちがさらに冷えてきていた。そして、結局、この第7作が最後の担当作品となった。

シナリオもでき、キャスティングも榊原るみ、田中邦衛と、大事なところは決まったので、あとはレギュラーのメンバーのスケジュールを調整するだけだった。

青森方面のロケが、半分ほど終わった頃、おれは、会社を辞めるということをWプロに告げ、あとは助手のN君にお願いして、密かに会社を辞める準備をしていた。

あるスタッフが、「松竹でいまやドル箱になりつつある山田作品のプロデューサーを辞めるのはもったいない」と言ってくれたが、もう留まるつもりはなかった。山田氏も引き止めるようにW氏に言っていたらしいが、プロデューサーとして、これ以上大船でやってゆくつもりはもうなかった。

家人の言うように、いろいろ我慢して、将来、松竹の部長や重役を目指すという気は、残念ながら髪の毛ほども持っていなかった。

第13章　妖怪ぬらりひょん

安もんプロデューサーの本心

よく考え直してみると、自分の心の大きな変化は、十数年前、仕事の内容も分からぬまま、プロデューサーとして撮影所に入った頃からすでに芽生え始めていたようだ。

その後十数年間いろいろな作品をやってきたが、どこかで仕事に対する覚悟が甘かった。プロデューサーの本当の姿が理解できるまでには十数年かかった。

やっていることの実態が分かるにつれ、この仕事の虚しさもよく分かってきた。特に大船へきてからは、それが一層強くなってきていた。どこか心の中に穴があって、頑張ったつもりでもその穴から空気が抜けてゆく。一生このままでいいのだろうか？という焦りが強くなってきていた。

その焦りの原因がどこにあるのかを、よく考えてみると、プロデューサーという仕事が嫌いだという訳ではないが、どうも麩菓子《ふがし》のようで、食べたという実感がない。外側だけが、かりんとうのようにうまいが、中味に鬆《す》が入っているような感じがしてならない。

シナリオに名前の乗らないスタッフからみれば、トップに「製作」の名前が出るのに、思い上がるなと言われるだろうが、心の奥で「いつか、自分の作品といわれるものを作ってみたい」という、ひそかな願望に燃えていたのである。

たとえば、新藤兼人さんが、現像、美術、脚本などの部署を経て、『愛妻物語』(57) で監督になっていったように、プロデューサーが、演出家になっても不思議ではないはずだと心の奥底でそう思い続けていたらしい。

監督とプロデューサー

映画監督という仕事は、万人の憧れる「男の花道」である。山下清風にいわせれば、「大将の位」になったようなものだ。

だから、黒澤明も大島渚も一軍を叱咤するような大声で、「撮影現場の花道」で大見得をきる。一方、大きな声を出さない監督も、その低さに比例してより巧妙に見得を切る。そして、大将はその花道へ誰もあがらせない。あがらせたら大将の位がどん底まで下がってしまい、「花道」が「奈落」になってしまう。

しかし、監督という役割は、N監督が言ったように交響曲の楽団員に作品のイメージを伝えるコンダクターとして重要な存在である。一方、スタッフという兵隊たちも、大将が立派であれば、つまりコンダクターとしてのイメージがはっきりしていれば、ガダルカナルでもアッツ島でもかまわない、どこでも玉砕する覚悟でやっている。だから井伏鱒二の『遙拝隊長』(戦後も戦争中と錯覚して村人に命令する元中尉の物語）のように、傷ついた精神の持ち主がひとりで号令をかけている分にはかまわないが、映画は総合芸術である以上、そうはゆかない。

たとえば『ディア・ハンター』という映画の本編が終わると、スタッフの名前が延々と続く。いつまで経っても終わらない。あれほどの人間がいなければ、あの映画はできないということの証明である。同時にそれは監督のイメージがはっきりとスタッフに伝わり、支持されているという証にもなる。

おれはこれまでの経験上、現場で働くスタッフは、すべてが監督になる資格は持っていると、考えている。この男に演出させれば凄い写真になると思う人間は現場にたくさんいた。この考えをもっと拡大すれば、やがて自分の持論となった〝一億総演出家論〟〝ワンカットからでも映画は作れる〟という図式が成り立つのであるが、それは後述する。

一方、「プロデューサーとは、何か」といえば、これは私にかぎってであるが、妖怪ぬらりひょんのようなものである。どこかの物陰から何時も作品の出来を窺っているようなところがある。ぬらりひょんという妖怪は、夕方、いずこからともなく現れ、座敷に上がり込んで煙草を一服吸ってから、またいずこへともなく立ち去ってゆく。ぬらりひょんは妖怪の総大将であるから、その実力は時と場合によっては軍隊の大将に負けてはいないが、根本的に妖怪という異次元に立っている存在だ。

麩菓子と麩饅頭

そうか、後で気がつく何とか病のように、おれもまた、小型のぬらりひょんだったのだ。だから、どんな監督と仕事をしようとも、心の中でいつも空虚な風が吹き渡っていた。すると、おれの過ごした映画界の16年は、妖怪の世界の仕事と同じだったのかもしれない。だが、妖怪はあくまで妖怪だ。

ほかの勝れたプロデューサーと一緒にするつもりはないが、髭の入った棒の麩菓子を食べるより、錦《にしき》市場（京都）のアンコの入った麩饅頭を食べたい。

しかし、そのためには、もう一度、助監督になるなど、それなりの道を歩き直さねばならないが、ともかくここらあたりで、何としてもぬらりひょんの衣を脱ぎ捨てて、アンコの入った麩饅頭の世界へ歩きださねばならない。40歳目前であるが、たとえそれが一兵卒からの出直しであっても、仕方のないことだ。

渥美清が言ったように、人間の「頭は一つずつ配給されている」（森崎東著の同名書より）とすれば、このおれにも、自分の映画を作る頭が一つだけ配給されているはずだ。監督という花道を心中で羨んでいるよりも、自分の「小さな花道」に立てばよいのだ。

だが、心が冷めていった最大の理由は、やはり、映画界の前途に希望が見えなかったことである。これだけ観客数が激減し、さらに歯止めがかからなければ、今の製作規模を維持することはできなくなることは明らかなことだった。

残る道は縮小と合理化だが、その中で、のたうちまわりながら生き延びるのも希望のない話だ。

同時に差し迫った現実問題として、経済事情もあった。どんなことが待っているか分からないが、新しい生業を探すことが、おれに残された道であろう。

それらのことがごっちゃになって絡み合い、混乱し、「もう辞め時だなあ」と思っていた時、さらに決定的なパンチに出会った。それが冒頭の「ヒマラヤへ行って、死んできたらどうだ」という出来事であった。

「この会社は駄目だ」と思ったのもこの頃だった。辞める決心を固め、一晩かかって墨で辞表を書いた。そこまではよかったが、「こんな大袈裟なものでなくていい」と言われ、規定の藁半紙に書き直し、労政部の窓口へ出し、行く当てもなく銀座の三原橋を渡って行った。

まだ足りぬ吠えて描いてあの世まで

と、あるベテラン監督は一句を詠んだが、おれには、それほどの強い思いはなかった。だが、後で思えば、その時は、まだ自分の隠された本心に、はっきりと気づいていなかっただけのことで、いつか、「なんらかの形で、自分の作品をつくりたい」という気持ちは、なくなっていなかったのである。

昭和48年（１９７１）の春のことである。

終章　ワンカットからでも映画は作れる

ワンカット・スライド方式

松竹を辞めたあと、生まれ故郷の身内から、「あの男は、辛抱の利かない、わがままな人間だ」と噂されたらしい。そんな噂はともかく、おれは新しく生まれ変わらなければならなかった。

はじめは、社会工学研究所というところに身を寄せたが、数年後、そこから独立して数人の仲間と、新しく社会計画研究所を発足させ、都市や地域問題の調査研究の仕事をやることになった。その後、30数年間ここで仕事をした。

一方、「自分の作品を作りたい」という潜在意識にもかかわらず、「一生、映画の仕事はやるまい」と決心していた。いや、決心したというよりも、映画は大金のかかる一種の博打である。そんな博打をやれるだけの覚悟も才能もなかった。

したがって、松竹というバックを失った下っ端プロデューサーに、世間は何の興味も関心も示さないというのが正直なところだった。

ところが、これも成り行きというものであろうか、あるきっかけで、おれは再び映像を作る仕事に携わることになった。

昭和49年（1974）夏、青森県八戸市の「商業近代化計画」という仕事をやっていた。この仕事は、中心商店街を再開発して近代的によみがえらせるという、都市計画的なプロジェクトであったが、やることなすことが映画製作とは無縁なことばかりだった。

そんなとき、たまたまその会議に出ていた熊谷拓治さんという人がいて、彼はたいへん映画好きな人間だった。ある日、一緒に飲んでいたとき、「斎藤さん、長い間、映画をやっていたのに止めるのはもったいないですよ。商業近代化計画など止めて、この街の映画を作ってくれませんか」という話になった。そう言われると、酔っぱらっていたせいもあって、血が騒いだ。そして、何も考えずに「やりましょう」ということになった。

熊谷氏に「どこが母体になって作るんですか」と聞くと、八戸青年会議所というのがあって、彼はその副理事長をやっている。製作資金もそこから多少なら出せるという。「いくらぐらいの予算があるのかなあ」と聞いたら、「60～70万ぐらいならば」と言う。

普通、映画をつくるには数千万円ほどかかるものである。それを60～70万でやるというのは土台無茶な話だった。

しかし「やりましょう」と言ったのだから、なんとかやらなければならなくなった。あとで思えば、これが、おれに配給された一つの頭、つまり「小さな花道」だったのであろう。

何はともあれ、まず、前へ歩き出さねばならない。

スタッフも俳優も資金もないのだから、おのずから作り方は「スライド方式」というやりかたしかない。一枚の写真に一つのコメントをつけるのが、スライド製作の原則である。百数十枚ほどのスライドフィルムを撮りまくり、前後左右につないで、全体が起承転結に叶うドラマとして作らねばならない。いうなればフィルムを使った紙芝居づくりということになる。

こうして、毎日、手当たり次第に歩き回ったが、材料が足りない。一コマが、それぞれ強いインパクトをもち、そこへ付けられるナレーションが、人の心に食い込む「詩」になっていなければ、とても1時間ほどの作品はできるものではない。

八戸の仕事は、映画づくりの常識をひっくりかえすような出来事の連続だった。だがその反面、映画を作るということは、俳優を使ってドラマチックな物語を演出するだけの仕事ではないということがよく分かった。むしろ、現在、人々が生きて働いている姿の中に本当のドラマがある。それを発見し作品にしてゆくことの中に、自分の新しい道があるということが分かってきた。

城戸四郎社長に一蹴された、「しょせんドキュメンタリーにすぎない」と言われた題材の中にこそ、映画以上のドラマがある。かつて今村昌平監督が「俺は死ぬまでウジ虫を書いてやる」と居直ったように、それならばおれは、スタッフも俳優も製作資金もないワンカット映画屋として、おれにしか作れないドラマを作りだしてみようと思った。

こうしてあちこち歩き回った結果、約200枚のスライド写真となった。それをシナリオに従って一枚ずつ組み合わせ、ナレーションと音楽を入れ、『八戸・風と土と心』という作品がなんとか完成した。試作作品を見た会議所の連中は、「これはいけるぞ」とか言って、驚いたことに、これを大きな八戸公会堂で上映するというのである。

スライド作品は、普通50人ほどの小さな会議場で、こじんまりと上映するものである。しかし、彼らはあくまでも大型映画のように、公会堂で上映したいと言う。

そこで、東京の機材会社から、映画並みの大きさにスライドを拡大して上映できる機械を送ってもらい、それでやることにした。観客も2、3百人集まれば十分であろうと思っていたのだが、いざ、上映が始まる前に会場を眺めたら、あちこちから続々と人が集まり始め、たちまち千人以上の人々で満員になっている。立ち見の人さえいる。

いよいよ上映がはじまると、誰も身動きしない。

前後編2部で、約1時間半ほどの上映が終わると、予想もしなかったような大きな拍手が会場を包んだ。

おれは茫然としてその状景を眺めていた。成功を収めたということになるのであろうが、何が起きたのかよく分からなかった。

新しい映画屋の道

こうしておれは、日本列島の北辺で、新しい映画屋の道を歩みだすことになった。そしてこの時からこれまでの映画づくりの常識に囚われず、自分なりのやりかたで自分の映像作品を作ってゆけるという自信を深めた。自分がプロデュースして、自分で演出する、それよりほかに道はない。
それを整理して、次の3つのやりかたで進もうと決心した。

(1)ワンカットからでも映画は作れる

第1に、たった一人でもカメラさえあれば、ワンカットから、誰でも立派な映画は作れる。これが、巨額な製作資金がなくても、一人で映画を作ろうとする者の原点である。

たとえば『源氏物語』が堂々たる大作映画であると仮定すれば、小林一茶や芭蕉の俳句が短編映画である。だが小さいからといって芸術的に劣るものではない。同じ文学である。真に人の心をうつものであれば、一枚の写真からでも映画は作れる。

画面など動かなくてもよい、俳優などいなくてもよい、スタッフもいなくてもよい。

たとえ少数の観客であれ、その心に深く沈殿するものを作ろう。この考え方がその後のおれの生き方を決めた。

(2)町は生きた人間劇場である

第2に、映像づくりの舞台を、とりあえず全国の市町村に置くことにした。現実的に、町や村は多少の予算を持っている。自分の街のこととなればなんとかやりくりしてくれる。

また、言うなれば、街は、現在を生きる人々の「人間劇場」である。そこには、常に生々しい喜怒哀楽に満ちた人間ドラマがある。そして、日本列島には1500以上の市町村があり、そこには

1500の異なったドラマが息づいている。材料に不足はない。

具体的には、司馬遼太郎の『街道をゆく』を手本にすることにした。

(3) 小さい作品を積み上げて大きな映画にする

第3に、映画とはそもそも何であろうか。

スクリーンの上で、何かが動き、何かが語られ、それが誰かに伝わる作業ではないか。映画、映画と威張るな映画。たとえ一つひとつの作品は小さくても、小さなものを積み上げてゆけば、「風と土と心・ニッポン」として、立派な映画になる。文句があるかと居直った。

この3つの考えに従って、自分の新しい旅にでることにした。

しかし、その道はまだ行く先が全く見えなかった。

旅は続く

よろけ、つまずきながらもおれの旅は、あれから40年後（2014年・82歳）の今も続いている。

「自分の作品を作ろう」と思って、全国を歩き、その数だけは、なんやかやと70本以上になった。煉瓦を一つずつ積み重ねて自分の家を造るような旅が続いた。だが、残念ながらその中で自分で納得できるものは少ない。

それはそれとして、歩いてきた「仕事の証し」として、いくつかの作品名だけをあげておくことにする。

・『八戸・風と土と心』一部・二部（スライド作品）
・『忘れられた思想家・安藤昌益』（スライド作品）
・『四国八百八狸と陰神刑部狸物語』（スライド作品）
・『山々の独立の旗・鬼だらけの国をゆく』（スライド作品）
・『日本海北上２０００キロ』前後編（日本テレビ番組）
・『河童は人か妖怪か』（日本テレビ番組）
・『野の芸術家たち』（ハイビジョン作品）
・『結　白川郷』（ハイビジョン作品）
・『赤い渦巻きはどこから来たのか』（ハイビジョン作品）
・『水と文化の回廊』（ハイビジョン作品）
・『とりもどそうあの砂浜を　塩谷海岸の侵食を訴える』（ＤＶＤ作品）
・『秘伝・河童の書　東京・死物の都の一踊り』（ＤＶＤ作品）

以上

あとがき

この原稿は永久に人の目に触れることのない運命にあった。

映画界にいた時のことは、とっくに胸の中で燃やして灰にしたつもりでいたからである。だが、不思議なもので、数年前サイバー大学というところで、私の講義を聞いた人の中に黒野さんという人がいた。この人は北九州の市役所の人で、ある時（2013年春）映画についての講演をお願いしますという連絡があった。演題は「銀幕四方山ばなし」ということで、聞く人は高齢者の人が多いので昔の映画のことは興味を持ってくれると思いますということだった。

それにしても銀幕という言葉を聞いて、恐れ入ってしまったが、そういうことならこれも何かのご縁だからという気になった。大急ぎで講演のための下書き原稿（メモ）を、当時のことを思い出しながら書きつけておいた。

若松での講演は、なんとか無事に終わったので、書いた原稿は机の上に放り投げておいた。すると、ある日息子がその原稿をぺらぺら眺め、これは「昭和映画屋渡世」という題名の本にすればいいかもしれないと言う。

そこで、思い出しながらぽつぽつと書きあげてみた。

黒野さん、息子、ごまめ書房の関田さん、この3人の後押しがなければ、この本は確実に焼き場の灰となっていたことだろう。危うく陽の目をみただけでも感謝しなければならない。

だが、なにぶん昭和30年から50年ぐらいのことだから、いろいろと記憶違いや自分の勝手な思い込みもあるだろうが、人を傷つけるようなことはなるべく避けようとした。しかし、嘘はついていないつもりだ。

一言付け加えるならば、映画は華やかにもてはやされるものだけが映画ではない。どんなつまらないものでも、それに関わりあった人々の思いがいろいろな形でこもっているものである。

この本で書いたそういう思いが人々の心に届くものがあれば、うれしいことであります。

2014年9月9日

斎藤次男

斎藤次男プロデュース作品一覧

〈製作助手、製作補等作品〉

●**パイナップル部隊**（1959、監督＝内川清一郎、脚本＝小国秀雄、製作＝岸本吟一、撮影＝太田喜晴、音楽＝黛敏郎、出演＝杉浦直樹、マイク・佐野、ミッキー安川、ロバート・本郷）※製作助手

●**伴淳の駐在日記**（1960、監督＝倉橋良介、脚本＝山根優一、製作＝小角恒雄、撮影＝関根重行、音楽＝西山登、出演＝伴淳三郎、藤田安男、有沢正子、天王寺虎之助）※企画

●**切腹**（1962、監督＝小林正樹、脚本＝橋本忍、製作＝細谷辰雄、製作補＝岸本吟一、撮影＝宮島義勇、音楽＝武満徹、出演＝仲代達矢、石濱朗、岩下志麻、三國連太郎）※製作助手

●**ちんじゃらじゃら物語**（1962、監督＝堀内真直、脚本＝若井基成、柴田夏余、製作＝白井昌夫、撮影＝川原崎隆夫、音楽＝木下忠司、出演＝伴淳三郎、千秋実、島かおり、フランキー堺）※製作補

〈製作作品〉

●**河内の風より　あばれ太鼓**（1963、監督＝酒井辰雄、脚色＝若井基成、長谷和夫、撮影＝関根重行、音楽＝鈴木静一、出演＝寺島達夫、桑野みゆき、曾我廼家明蝶、酒井光子）

●**あらくれ荒野**（1963、監督＝酒井辰雄、脚本＝長谷川公之、長谷和夫、撮影＝関根重行、音楽＝鈴木静一、出演＝寺島達夫、桑野みゆき、田村高廣、高千穂ひづる）

●**続・ニッポン珍商売**（1963、監督＝渡辺邦男、脚本＝花登筐、共同製作＝沢村国男、撮影＝倉持友一、音楽＝小川寛興、出演＝藤田まこと、大村崑、香山美子、三上真一郎）、

●**現代金儲け物語**（1964、監督＝酒井辰雄、脚本＝菅野昭彦、共同製作＝杉山茂樹、撮影＝堂脇博、音楽＝牧野由多可、出演＝加東大介、清川虹子、榊ひろみ、谷幹一）
●**続道場破り　問答無用**（1964、監督＝菊池靖、松野宏軌、脚色＝内川清一郎、野口泰彦、共同製作＝岸本吟一、撮影＝太田喜晴、関根重行、音楽＝大森盛太郎、出演＝長門勇、丹波哲郎、鰐淵晴子）
●**渚を駈ける女**（1964、監督＝酒井欣也、脚本＝元持栄美、撮影＝厚田雄春、音楽＝伊福部昭、出演＝路加奈子、高峰三枝子、山内明、吉田輝雄）
●**その口紅が憎い**（1965、監督＝長谷和夫、脚本＝橋本忍、国弘威雄、撮影＝長岡博之、音楽＝宮川泰、出演＝内田良平、桑野みゆき、夏圭子、小田草之助）
●**おしゃべりな真珠**（1965、監督＝川頭義郎、脚色＝馬場当、共同製作＝樋口清、撮影＝荒野諒一、音楽＝いずみたく、出演＝伊東ゆかり、金子勝美、島かおり）
●**俺たちの恋**（1965、監督＝長谷和夫、脚本＝元持栄美、大江英夫、撮影＝長岡博之、音楽＝小川寛興、出演＝田村正和、山田太郎、山川ワタル、中村晃子）
●**侠勇の花道　ドス**（1966、監督＝松野宏軌、脚本＝高岩肇、堀内信、桜井義久、撮影＝倉持友一、音楽＝鏑木創、出演＝長門勇、香山美子、安部徹、菅原文太）
●**「青春の言葉」より　風にきけ雲にきけ**（1966、監督＝宮崎守、脚色＝滝口速太、撮影＝丸山恵司、音楽＝いずみたく、出演＝新藤恵美、沢ひろ子、藤岡弘、勝呂誉）
●**おはなはん**（1966、監督＝野村芳太郎、脚色＝山田洋次、撮影＝川又昴、音楽＝小川寛興、出演＝岩下志麻、栗塚旭、加藤嘉、水戸光子）
●**おはなはん　第二部**（1966、監督＝野村芳太郎、脚色＝山田洋次、元持栄美、桜井義久、吉田剛、撮影＝川又昂、音楽＝小川寛興、出演＝岩下志麻、栗塚旭、金子友定、小島万智子）
●**神火１０１　殺しの用心棒**（1966、監督＝石井輝男、脚色＝国弘威雄、共同製作＝杉崎重美、撮影＝

平瀬静雄、音楽＝八木正生、出演＝竹脇無我、吉村実子、林翠、吉田輝雄）

●**銀の長靴**（１９６７、監督＝市村泰一、脚本＝桜井義久、撮影＝小杉正雄、音楽＝小川寛興、出演＝由美かおる、二瓶十久也、頭師佳孝、谷幹一）

●**人妻椿**（１９６７、監督＝市村泰一、脚色＝桜井義久、元持栄美、撮影＝小杉正雄、音楽＝小川寛興、出演＝栗塚旭、三田佳子、園井啓介、和崎俊哉）

●**純情二重奏**（１９６７、監督＝梅津明治郎、脚色＝桜井義久、撮影＝厚田雄春、音楽＝小川寛興、出演＝倍賞千恵子、吉田輝雄、倍賞美津子、北竜二）

●**稲妻**（１９６７、監督＝大庭秀雄、脚色＝堀江英雄、撮影＝長岡博之、音楽＝真鍋理一郎、出演＝倍賞千恵子、浜木綿子、稲垣美穂子、柳沢真一）

●**惚れた強み**（１９６８、監督＝水川淳三、脚本＝森﨑東、梶浦政男、撮影＝笠川正夫、音楽＝山本直純、出演＝有島一郎、佐藤友美、大辻伺郎、伴淳三郎）

●**いれずみ無残**（１９６８、監督＝関川秀雄、脚色＝下飯坂菊馬、一条徹、撮影＝小杉正雄、音楽＝八木正生、出演＝荒井千津子、松岡きっこ、安部徹、川津裕介）

●**新　いれずみ無残　鉄火の仁義**（１９６８、監督＝関川秀雄、脚本＝下飯坂菊馬、加瀬高之、撮影＝小杉正雄、音楽＝小川寛興、出演＝荒井千津子、園井啓介、松岡きっこ、夏八木勲）

●**女めくら　花と牙**（１９６８、監督＝市村泰一、脚本＝直居欽哉、服部佳、撮影＝小杉正雄、音楽＝渡辺岳夫、出演＝荒井千津子、久富惟晴、山形勲、ケン・サンダース）

●**めくらのお市物語　真赤な流れ鳥**（１９６９、監督＝松田定次、脚本＝高岩肇、宮川一郎、鈴木生朗、撮影＝川崎新太郎、音楽＝鏑木創、出演＝松山容子、長門勇、荒井千津子）

●**めくらのお市　地獄肌**（１９６９、監督＝松田定次、脚本＝松田寛夫、鈴木生朗、撮影＝川崎新太郎、音楽＝鏑木創、出演＝松山容子、入川保則、安部徹、中丸忠雄）

●**続　男はつらいよ**（1969、監督＝山田洋次、脚本＝山田洋次、小林俊一、宮崎晃、撮影＝高羽哲夫、音楽＝山本直純、出演＝渥美清、倍賞千恵子、森川信、東野英治郎）
●**新・男はつらいよ**（1970、監督＝小林俊一、脚色＝山田洋次、宮崎晃、撮影＝高羽哲夫、音楽＝山本直純、出演＝渥美清、倍賞千恵子、森川信、栗原小巻）
●**仁鶴・可朝・三枝の　男三匹やったるでぇ！**（1970、監督＝長谷和夫、脚本＝藤本義一、林禧男、長谷和夫、共同製作＝中邨秀雄、撮影＝平瀬静雄、音楽＝小川寛興、出演＝笑福亭仁鶴、月亭可朝、桂三枝）
●**男はつらいよ　奮闘篇**（1971、監督＝山田洋次、脚本＝山田洋次、朝間義隆、撮影＝高羽哲夫、音楽＝山本直純、出演＝渥美清、倍賞千恵子、森川信、榊原るみ）

以上

●索　引●

〔**人名**〕

〔映画・テレビ作品名〕

【著者略歴】

斎藤次男（さいとう・つぎお）

１９３２年、新潟県村上市生。１９５７年、東北大学卒業。松竹株式会社に入社、映画プロデューサーとなる。『切腹』『おはなはん』『男はつらいよ』など、約30作品を担当する。１９７３年、松竹を退社。１９７５年、株式会社社会計画研究所を設立、代表となる。現在、斎藤映像工学主宰。東日本国際大学地域振興戦略研究所研究員。

主な著書＝『河童アジア考』『妖怪都市計画論』『砂かけ武蔵』『映像からのまちづくり』『どこにもないまちをつくる』

ＪＡＳＲＡＣ　出１４１４６９１－４０１

昭和映画屋渡世
坊ちゃんプロデューサー奮闘記

２０１５年１月15日初版発行

著　者・斎藤次男
発行者・関田孝正
発行所・有限会社ごまめ書房
〒２７０－０１０７
千葉県流山市西深井３３９－２
電　話０４－７１５６－７１２１
ＦＡＸ０４－７１５６－７１２２
振　替００１８０－８－４６２７０８
印　刷・モリモト印刷株式会社

ＩＳＢＮ９７８－４－９０２３８７－１７－９